MICHEL BRÛLÉ

4703, rue Saint-Denis
Montréal, Québec H2J 2L5
Téléphone : 514 680-8905
Télécopieur : 514 680-8906
www.michelbrule.com

Maquette de la couverture : Jimmy Gagné
Mise en pages : Roxane Vaillant
Photo de l'auteur : Karine Patry
Révision : Marie-Hélène Beaudoin
Correction : France Lafuste

Distribution : Prologue
1650, boul. Lionel-Bertrand
Boisbriand, Québec J7H 1N7
Téléphone : 450 434-0306 / 1 800 363-2864
Télécopieur : 450 434-2627 / 1 800 361-8088

Distribution en Europe : D. N.M. (Distribution du Nouveau Monde)
30, rue Gay-Lussac
75005 Paris, France
Téléphone : 01 43 54 50 24
Télécopieur : 01 43 54 39 15
www.librairieduquebec.fr

Les éditions Michel Brûlé bénéficient du soutien financier de la SODEC, du
Programme de crédits d'impôt du gouvernement du Québec et sont inscrites
au Programme de subvention globale du Conseil des Arts du Canada. Nous
reconnaissons l'aide financière du gouvernement du Canada par l'entremise
du Programme d'aide au développement de l'industrie de l'édition (PADIÉ)
pour nos activités d'édition.

Société
de développement
des entreprises
culturelles
Québec ✚✚✚

Bibliothèque et Archives nationales du Québec
Bibliothèque nationale du Canada
ISBN 13 : 978-2-89485-407-5

- déf des Indiens
  (40)
                  bruit, pollution
              pure petit pple all to l'hôtl

*→ l'américanisme (cult, vol cerveaux, intégrés
                              monoculture
  - → l capi éhonté (cf lle Day obésité)

- → l intolérance → l chiens

- Eloge du mod communiste + des
  pvres   - Déf Indien, Mexicains

- → l destruct planète   ↑

- → l malbouffe → l cigarette Chap 6 hors
→ l TV → l'éduc actuelle   contexte
                              (avent
- Vidéce (ds spork, fests)   sonja)
         → l mare + potos du 7Hle Chap 8 - brit
                                   Mexico
                                   Emeuté

* Espèce d'idéd de la Lune → ressblant
  ss cents aspects à 1 [théoscophie!]

Dieu existe → et l'ame &
                  la mort
              - sexe + carte
          - Voyage au Merique

Chroniques
ou Auto-fiction

- Amour barré : 1) Appa. phys
                  2) NRJ   } mêmes
                  3) tête
                  4) olfactif
                  5/ bouche
                  6) sexe
                  7) cul

→ 1 méches

→ 1 ? qc, hypos ou altérées juste par
beaux gars

→ fait fauce (conneries, bec sucré, drogue

On ne revient à le lire qu'au
chap. 13 (plus entre ~~chap~~ 7 à 13)

Chap 16 → dyper perso de
              Dieu

Goutte

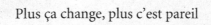

Plus ça change, plus c'est pareil

PLUS ÇA CHANGE, PLUS C'EST PAREIL

Guy Giguère

MICHEL BRÛLÉ

Du même auteur

Les prénoms des enfants en Nouvelle-France, Montréal, Les Éditions internationales Alain Stanké, 2006, 164 p.

Les Brebis égarées, Montréal, Les Éditions internationales Alain Stanké, 2005, 207 p.

Fou rire au parlement, Montréal, Les Éditions internationales Alain Stanké, 2003, 153 p.

Honteux personnages de l'histoire du Québec, Montréal, Les Éditions internationales Alain Stanké, 2002, 239 p.

La scandaleuse Nouvelle-France, Montréal, Les Éditions internationales Alain Stanké, 2002, 238 p.

Les premières inventions québécoises, Montréal, Éditions Québécor, 1994, 382 p.

D'un pays à l'autre. Mille et un faits divers au Québec (1600-1900), Sainte-Foy, Éditions Anne Sigier, 1994, 234 p.

Peau aimée, Paris, Les paragraphes littéraires de Paris, 1976, 62 p.

En collaboration :

La vie à l'époque de Séraphin, l'album du film *Séraphin, un homme et son péché*, Montréal, Les Éditions internationales Alain Stanké, 2002, 79 p.

Giguère, Guy, Luc Noppen et Jean Richard, *La maison Maizerets - Le château Bellevue*, Québec, Éditeur officiel du Québec, 1978, 122 p.

À mon petit-fils Félix,
qui saura bien m'apprendre beaucoup

LE CAN

...adame ?

...oute. J'ai eu les yeux sur
...s quelque temps, plus
...ue vous ne pensez, et j'ai
...entivement tous vos petits

...vous devez avoir remar-
...quel soin je cherchais à les

...'ai rien vu de semblable ;
...n plutôt mille petits mane-
...convenables à votre âge,
...her d'être à côté de lui à ta-
...exemple...Et bien, que signi-
...s yeux levés au ciel !...Je suis
...votre oncle l'a remarqué com-

...ai ; mais son cœur généreux
...ra point interprété de même.
...toutes vos bontés pour moi,
...ncle, vous savez bien que je ne
...me considérer ici tout à fait
...e votre enfant...De là parfois
...embarras, mon hésitation ...
...ad lord Saint-Edmunds est arri-
...'onny a voulu que je prisse pla-
...côté de lui à table, tandis qu'il
...paraissait plus naturel que ce fût

...ir Charles allait se ranger à cette
...nion, quand lady Hélène se jeta
...nouveau en travers.

—Nous vous remercions beaucoup
vos bonnes intentions ; toutefois
...Constance saura bien

que lui font ses parents français, ré-
duite à vingt, je crois, depuis la
dernière révolution...

—N'importe, n'importe, Hélène,
interrompit sir Charles, visiblement
contrarié, ils donnent autant qu'ils le
peuvent, et ce qui n'est rien à nos
yeux peut-être un véritable sacrifice
pour eux.

—C'est très-possible ; je n'ai pas
l'honneur de les connaître, ni l'envie.
Seulement ils me rappellent que Cécile, toute sainte qu'elle est est, a
reçu une première éducation qui
doit nous mettre sur nos gardes, à
présent qu'elle arrive à l'âge de dis-
crétion ou peut-être d'indiscrétion.

—Que voulez-vous dire, madame ?
dit Cécile en tressaillant.

—Si votre mère était ici, vous le
comprendriez mieux.

—Ma mère ! s'écria la jeune fille
avec angoisse, celle que j'aimais
tant. Ah ! madame, vous auriez pu
m'épargner cette douleur.

—Aimez-la tant que vous vou-
drez ; mais ne la prenez pas pour
modèle aussi longtemps que vous
serez chez moi.

—Vous êtes trop cruelle, madame,
en vérité !

La pauvre enfant, suffoquée de
douleur et de honte, se laissa tomber
sur un siége en cachant sa figure
dans ses mains et fondit en larmes.
Ce fut un triomphe inattendu pour
...Dans ces sortes de

Diocèse
progrès touj...
cès, malgré
nous regar...
lui qui s'es...
milieu de...
qui l'aime...
prié le do...
donnons
naire le b...
Voici ses
légitime...
envoyer ...
vre chez
trouver
ordinair...
sans qu...
ques pe
gation
Sainte
tablir ...
ont pr...
sez ro...
laissé
nes p...
solés
ru to...
couv...
nous
parc...

À EN FRANCE

(Suite)

INTRODUCTION

En manchette aujourd'hui dans ce livre:

… importante vague d'invasions de domiciles, des ponts négligés s'écroulent, des gangs de jeunes sèment la terreur dans certains quartiers, les rues de Montréal sont envahies d'itinérants, des cimetières sont profanés, d'innombrables chauffards indisciplinés roulent à tombeau ouvert et les maisons de jeu pullulent dans la province.…

9

Madame, Monsieur,

Je vous confirme que vous ne rêvez pas, les manchettes que vous venez de lire ont réellement été publiées entre 1826 et 1856 par un important journal de l'époque, et je vous souhaite la bienvenue à votre grand bulletin de nouvelles de l'actualité québécoise du XIXe siècle.

Vous aimez le monde de l'information, vous dévorez les journaux et vous ne ratez jamais les nouvelles à la radio ou à la télé ? Alors, vous aimerez ce livre. La vie de nos ancêtres vous passionne tout autant ? Alors, vous aimerez doublement ce livre, car il présente des événements qui ont fait la nouvelle à l'époque de nos ancêtres du XIXe siècle.

Pour documenter ce sujet, durant une année, j'ai consacré mon temps libre à aller à notre Grande bibliothèque nationale pour consulter un journal important à l'époque, *La Minerve*. J'ai lu tous les numéros publiés entre 1826 et 1856. *La Minerve* équivaudrait de nos jours à un grand quotidien comme *La Presse*, *Le Devoir*, le *Journal de Montréal* ou *Le Soleil*. Fondé par Augustin-Norbert Morin, le premier numéro fut publié le 9 novembre 1826. Morin avait alors réussi à recruter 210 abonnés[1]. Personnalité importante au XIXe siècle, Ludger Duvernay en fut d'ailleurs le propriétaire, de 1827 jusqu'à son décès survenu en 1858. Ce journal cessa ses activités le 27 mai 1899.

Pourquoi avoir arrêté la recherche en 1856 ? Parce que, dans tout projet, le réalisme finit toujours par imposer ses limites. Il serait théoriquement possible pour un seul chercheur de lire chaque numéro qu'a publié un journal au cours du XIXe siècle. C'était d'ailleurs mon intention au départ, mais la somme de temps requis pour le faire se serait avérée titanesque. Faire le portrait de l'actualité d'une trentaine d'années m'est finalement apparu plus aisément réalisable et amplement suffisant pour fournir une très bonne idée de ce qui se passait dans notre société à cette époque. J'ai même dû mettre de côté autant d'informations qu'il y en a dans ce livre. Il s'en est produit des événements durant trente ans !

Vous le constaterez, j'ai choisi de ne pas présenter ici les sujets ayant déjà été si bien exposés dans nos manuels d'histoire, le but étant de découvrir essentiellement des faits nouveaux. Ainsi, vous ne lirez rien sur des thèmes connus comme la révolte des Patriotes en 1837, l'Acte d'Union, les guerres, les épidémies célèbres, l'affaire Chiniquy, etc.

Dans ce bouquin, vous entrerez dans l'univers des journalistes d'autrefois. Pendant que nos ancêtres étaient occupés au boulot, la mission des journalistes d'antan était la même que celle des journalistes d'aujourd'hui, c'est-à-dire *aller aux nouvelles*, selon l'expression populaire, pour ensuite raconter les récents événements marquants : un scandale financier, une catastrophe naturelle, un incendie majeur, un drame familial, un meurtre sordide, une descente policière dans un bordel, etc. Ici et là, j'ai ajouté des renseignements historiques ou ethnologiques pour donner, par exemple, plus de détails biographiques sur un personnage ou pour expliquer des coutumes traditionnelles aujourd'hui disparues, comme la célébration du mardi gras.

La découverte du style littéraire des journalistes de l'époque explique pourquoi les extraits choisis respectent fidèlement leurs textes originaux, sans adaptation ni correction, sauf dans de rares cas afin de rendre la lecture du texte plus coulante et pour permettre une compréhension instantanée des faits rapportés. Une fois la lecture du livre terminée, vous ferez sûrement le même constat que moi : la qualité de l'écriture journalistique d'aujourd'hui s'avère grandement supérieure à celle des journalistes du XIXᵉ siècle. Inutile donc d'écrire à l'éditeur ou à l'auteur pour, entre autres, signaler l'abondance de mots anglais et d'anglicismes. Ces textes journalistiques constituent en fait une collection historique qui témoigne d'une époque et est aussi précieuse qu'une collection de photos anciennes exposées dans un musée. Entre vous et moi, qui oserait commettre le sacrilège d'altérer en tout ou en partie une photo ancienne ?

Et que serait un bulletin de nouvelles sans la météo ! Ainsi, à la fin de quatre chapitres, vous aurez droit à un bulletin de météo, intitulé *Quel sale temps !,* décrivant des faits exceptionnels survenus à chacune des quatre saisons, en différentes années, selon les humeurs variables de dame Nature.

Et que serait aussi un bulletin de nouvelles sans un éditorial ou des opinions sur un sujet brûlant de l'actualité ! À la fin de chaque partie, vous trouverez donc une section intitulée *Opinions*. Présentant des points de vue sur des problèmes largement débattus dans l'opinion publique, ces textes ont été rédigés par des journalistes ou par des lecteurs qui ont demandé au *Journal* de publier leur lettre.

Alors, trêve de commentaires, et *allons aux nouvelles* pour voir ce qui est survenu dans la vie quotidienne des Québécois au XIXe siècle.

Iʳᵉ partie

DES FEMMES SCANDALEUSES, DES HOMMES ODIEUX ET DES ENFANTS DÉLINQUANTS

Meurtre.—Il y a environ quinze jours ou trois semaines qu'un vieillard nommé Bergeron, cultivateur de la paroisse Saint-Antoine, à environ 13 lieues au-dessus de *Québec*, sur le côté sud du Saint-Laurent, fut trouvé horriblement mutilé, à quelque distance de sa maison, dans un bas fond. Il avait la gorge coupée presque en travers du visage, et il avait reçu aux mains plusieurs blessures. Un couteau qui n'était nullement ensanglanté et qui fut reconnu pour lui avoir appartenu fut placé en travers sur son estomac. On a soupçonné deux personnes, à qui il avait fait donation de ses biens. Le coronaire est monté pour examiner le corps.

PARLEMENT PROVINCIAL

DU

BAS-CANADA.

BILAN DE LA CRIMINALITÉ EN 1849

Publié le lundi 21 janvier 1850
(Reproduction intégrale du texte original)

Extrait de la statistique des arrestations faites par la police de Montréal pour crimes et délits durant l'année 1849, publiée par M. Hypolite Jérémie, chef de police :

Meurtres 3

Mutilations 4

Vols de grand chemin 5

Crime d'incendie 1

Argent contrefait 1

Avoir obtenu des marchandises
sous de faux prétextes 3

Péculat 1

Abandonné leurs enfants 1

Fous, hommes 3, femmes 7 10

Larcin, hommes 113,
femmes 43, garçon 37 193

Soupçon de larcin, hommes 24,
femmes 26, garçons 24 74

Ivres dans les rues, hommes 930,
femmes 244, garçons 4 1178

Ivres et conduite désordonnée,
hommes 405, femmes 88, garçons 2 495

Bris de la paix, hommes 109,
femmes 10, garçons 6 125

Vagabondage, hommes 809,
femmes 180, garçons 62 1051

Positions indécentes, hommes 18, femmes 15 33

Nuisances dans les rues (charretiers) 43

Résumé des arrestations du dernier trimestre et à quelle nation appartiennent les prisonniers :

	HOMMES	FEMMES
Anglais	103	20
Écossais	81	9
Irlandais	257	95
Canadiens-français	141	14
Canadiens-bretons	17	--
États-Unis	6	2
Sauvages	4	3
Nègres	2	--
Allemands	2	--

Note : *Nègre* était le mot utilisé à l'époque pour désigner une personne de race noire et le mot *Sauvage* désignait un *Amérindien*.

DES AMOURS TUMULTUEUX

LE COCU POURSUIT LE SÉDUCTEUR

Furieux d'avoir été fait cocu, William Unsworth Chaffers intenta une poursuite contre le séducteur de son épouse. Impliquant des personnalités de l'époque, cette affaire de mœurs fut évidemment rapportée dans le *Journal*. Le lundi 16 février 1829, le journaliste affecté à cette cause entendue au tribunal mentionna ceci :

> La Cour du Banc du Roi a été occupée vendredi et samedi derniers par le procès devant un jury spécial, à la poursuite de W. U. Chaffers, de Saint-Césaire, contre Flavien Bouthillier, du même lieu, pour séduction de l'épouse du demandeur. Cette cause a excité un grand intérêt pendant ces deux jours, vu la respectabilité des liaisons des parties et la nouveauté du cas dans nos cours de justice.

Ayant débuté le vendredi 13 février 1829, ce procès a connu sa conclusion dès le lendemain. Dans sa poursuite, Chaffers réclamait une somme de 1 000 livres pour le préjudice causé à son égard et surtout... à son ego. Il avait engagé deux avocats pour le représenter : A. MacMillan et W. Waker. De son côté, le défendeur avait retenu les services de quatre conseillers juridiques : F. Roy, M. O'Sullivan, James C. Grant et C. Sweeny. Lors de la comparution au tribunal, « MacMillan exposa aux jurés les principaux faits qui seraient prouvés par les témoignages » et, « ne pouvant faire entendre tous les témoins vendredi, la cour s'ajourna vers 9 heures, et les jurés envoyés à l'hôtel Rasco pour y passer la nuit ».

Le lendemain, lors des plaidoiries, le journaliste fut visiblement impressionné par la performance de l'un des avocats de Chaffers, soulignant que « M. Waker répliqua d'une manière qui fait honneur aux talents de ce membre éclairé de notre barreau ».

Les carottes furent finalement bien cuites pour Bouthillier, alors que « la culpabilité du défendeur fut clairement prouvée et le jury, après avoir délibéré environ une demi-heure, rapporta un verdict en faveur du demandeur ». Le montant attribué fut toutefois établi à 25 livres, une décision « influencée sans doute par les circonstances peu aisées où se trouve le défendeur », supposa le journaliste.

Homme d'affaires de Saint-Césaire, Chaffers était l'époux de Catherine-Henriette Blanchet. Leur fils, William Henry, après avoir été maire de Saint-Césaire, sera élu député de Rouville en 1856[2]. Quant au volage séducteur poursuivi, Flavien Bouthillier, époux de Marguerite-Henriette Blumhart, c'était un marchand établi dans le même village. Leur fils, Flavien-Guillaume, deviendra avocat, puis député libéral de Rouville, en 1879.

Ma femme m'a quitté

Surprenantes, et fréquentes à l'époque, ces annonces publiées dans le *Journal* par le mari dont l'épouse venait de faire ses petits paquets et de claquer la porte. Le conjoint abandonné prévenait ainsi la population qu'il ne se rendait plus responsable des dettes que causerait désormais son ex-conjointe. En voici trois exemples.

L'auteur de cette annonce, publiée le jeudi 2 mai 1833, était Daniel Thauvette, un habitant de Rigaud :

> VU QUE, le 26 du courant [avril], ma femme Marie-Reine Quesnel a abandonné mon lit sans cause légitime, je, soussigné, préviens le public de ne rien lui payer ni avancer en mon nom, vu que je ne reconnaîtrai en date de ce jour aucune transaction par elle faite sans mon consentement.

Dans la même édition du jeudi 2 mai 1833, Pierre Cyr, de Sainte-Scolastique, faisait paraître la sienne :

> Geneviève Brisebois ayant laissé ma maison sans causes légitimes, je donne avis public que je ne payerai aucune dette qu'elle pourra contracter en mon nom.

Et le mardi 5 octobre 1852, c'était au tour d'Alexandre MacDonald, un résident de Sault-Saint-Louis :

> Le soussigné avertit le public qu'il ne sera responsable d'aucune dette, contractée en mon nom, par Marie-Anne MacDonald, son épouse, qui a laissé sa maison le premier jour de septembre dernier.

En descendant dans un chemin de la montagne de Montarville, un individu fit une macabre découverte, le vendredi 16 novembre 1849 ; la nouvelle fut publiée le 19 novembre. Le cadavre de Jean-Baptiste Lamoureux, un cultivateur de Boucherville, marié et père de famille, venait enfin d'être retrouvé :

> Le corps avait été couvert avec des branches, et on s'aperçut que le crâne avait été fracassé, que le cou avait été coupé et plusieurs autres blessures infligées au corps. La hache qui avait servi à commettre le crime a été trouvée à ses côtés. Le coroner Coursol fut appelé et se rendit sur les lieux.

Vers le 22 juillet précédent, Lamoureux avait quitté la ferme avec son employé, Antoine Lacoste dit Languedoc, pour aller bûcher du bois dans la montagne de Montarville. Le soir venu, Lacoste revint seul à la maison, disant ignorer où se trouvait son patron et émettant l'hypothèse qu'il s'était peut-être perdu en forêt. Plusieurs citoyens de Boucherville se mirent alors à la recherche du disparu, mais en vain. Pour expliquer cette absence, « on finit par croire qu'il avait abandonné sa famille et sa paroisse, et qu'il était parti pour les États-Unis ».

Durant le mois d'août, en commentant cette affaire, Lacoste tint par mégarde des propos très incriminants. Il fut finalement arrêté et emprisonné, à la demande du coroner Coursol. Les preuves recueillies par les enquêteurs étaient suffisamment sérieuses pour l'accuser d'avoir commis un meurtre prémédité et l'obliger à subir ultérieurement un procès. Au moment de la publication de son reportage, le journaliste écrivit que «la cause du meurtre n'est pas exactement connue, mais on l'attribue à une passion criminelle que l'accusé aurait entretenue pour la femme du défunt».

Né en 1819 en Ontario et décédé en 1888 à Montmagny, Charles-Joseph Coursol a épousé Émilie Taché, fille d'Étienne-Paschal Taché, médecin et homme politique important du XIXᵉ siècle. Le 30 juin 1848, Coursol obtint le poste de coroner du district de Montréal et, le 2 février 1856, devint inspecteur et surintendant de la police de Montréal[3].

LES DEUX ÉPOUSES DE WILLIAM SIMPSON

Accusé de bigamie, le Montréalais William Simpson comparaissait au tribunal, le 28 octobre 1850, pour subir son procès présidé par le juge Rolland. L'affaire fut rendue publique le jeudi 31 octobre.

Invité à témoigner, le révérend Reid, ministre presbytérien à Kingston, déclara solennellement avoir célébré le mariage de William Simpson et d'Elizabeth Reid, qui était d'ailleurs présente au tribunal. Deux autres témoins, M. McDonald et M. Bennett, vinrent ensuite affirmer avoir été présents à cette cérémonie nuptiale. Dans son témoignage, le révérend Reid confirma que les deux époux s'étaient séparés peu de temps après leur union.

Puis, ce fut au tour du révérend Leach, de Montréal, qui vint attester avoir célébré le second mariage de William Simpson avec cette autre femme également présente à la cour, Harriet Murrill. Celle-ci fut aussi invitée à venir témoigner. «Elle éclate en sanglots, en se rendant de sa place à la boîte des témoins où elle doit déposer contre celui qu'elle a aimé et qu'elle aime peut-être encore», s'exprima le journaliste. Harriet raconta être venue au Canada en 1848 pour travailler comme domestique chez un membre de la haute société montréalaise du temps, le colonel Conrad Augustus Gugy, chez qui Simpson demeurait et travaillait également comme domestique. Un jour, «il lui proposa de l'épouser disant qu'il était veuf et il lui montra une lettre où il était dit que sa première femme était morte», déclara la deuxième épouse.

Pour faire acquitter son client, l'un des principaux arguments de l'avocat de la défense était le suivant : Simpson a été informé du décès de sa première épouse par une lettre signée de la main d'un dénommé James Reed et cette information «l'avait conduit à conclure de bonne foi un autre mariage», d'insister Me Kerr. Cette lettre fut déposée comme pièce à conviction. Malheureusement pour l'accusé, il fut prouvé que le prétendu signataire de la lettre, James Reed, ne savait aucunement écrire et que cette lettre, supposément reçue de Kingston, ne portait aucun timbre postal ; en conséquence, il était impossible d'en prouver l'origine.

Dans son adresse finale aux jurés, le juge indiqua entre autres que l'accusé, lors de sa demande en mariage à Harriet Murrill, «aurait dû prouver incontestablement que sa femme était morte». Au terme de ce procès, le journaliste annonça que «le jury, sans laisser le banc, rendit un verdict de culpabilité».

ÉPRIS D'UNE PLUS JEUNE

Joseph Bérubé et Césarée Terriault, demeurant à Kamouraska, furent déclarés coupables d'avoir empoisonné la première épouse de Bérubé, Sophie Talbot. Le 12 novembre 1852, ce couple maudit s'est vu condamné à mort par le tribunal. «Le prisonnier est un homme âgé d'environ 45 ans et sa femme [Césarée Terriault] peut avoir environ 16 ans», d'informer le journaliste.

Pour établir la cause précise du décès de Sophie Talbot, on avait demandé à un professeur de chimie de l'École de médecine de Québec, M. Jackson, de «faire des expériences sur les restes de la victime». Le journaliste présenta, le vendredi 19 novembre 1852, les conclusions de l'expert:

> La preuve a constaté que l'empoisonnement aurait eu lieu par le phosphore administré avec des confitures. Des traces d'arsenic, trouvé (sic) dans les viscères de l'estomac, au moyen de procédés chimiques, ont établi que ce poison avait aussi été mis en usage pour consommer le crime.

Le couple devait être exécuté le 10 décembre 1852, mais, le 7 décembre, le *Journal* annonça qu'il serait plutôt détenu en prison, sans toutefois indiquer le nombre d'années d'incarcération. En modifiant ainsi la sentence prévue, le gouverneur général du pays, James Bruce, comte d'Elgin, acceptait de répondre favorablement à la demande de nombreux citoyens et de membres du clergé de Kamouraska qui lui avaient envoyé une pétition à cet effet.

La Belle et la Bête

Le mardi 18 juillet 1854, on apprit qu'une enquête « a été tenue avant-hier, à Saint-Augustin, sur le corps d'une fille du nom d'Adélaïde Moisan, âgée d'environ 33 ans, qui avait été barbarement assassinée par un jeune homme d'environ 22 ans, nommé Ambroise Martel, qui la fréquentait ». Saint-Augustin est une localité située en banlieue ouest de la ville de Québec.

Le mardi 11 juillet, des témoins virent les tourtereaux se rendant en direction du lac Calvaire, près du fleuve Saint-Laurent. Vers quinze heures, des hommes qui travaillaient dans un champ et qui avaient vu passer le couple entendirent des cris, « mais ne firent point attention ». Cependant, peu de temps après, le corps de la jeune femme fut découvert dans un fossé par un cultivateur qui allait chercher ses animaux :

> À quelque distance du corps, on ramassa un couteau de table couvert de sang, avec lequel la gorge de la victime avait été coupée et littéralement

hachée de cinq à six coups, et un autre coup lui avait été porté à l'abdomen. La tête portait aussi des marques de violence.

Martel fut rapidement arrêté par ses voisins et « [Il a confessé son crime sans pouvoir y assigner aucun motif ». «Ambroise Martel est un jeune homme à l'air idiot, mais d'une force herculéenne, tandis que sa victime était une pauvre créature maladive et grêle», commenta le journaliste.

LA VIOLENCE CONJUGALE

Un fou furieux

Dans la nuit du mardi 28 septembre 1830, un dénommé Boyer, de la municipalité de Saint-Pierre, a été arrêté pour avoir tué « sa femme, fille d'Hyacinthe Daigneau, en présence de sa mère qui s'est opposée en vain à ses coups et qui a été elle-même grièvement blessée ». Mariée depuis seulement quatre ans, la jeune épouse n'était âgée que de 23 ans et avait trois enfants.

Victime d'un conjoint devenu soudainement fou furieux, «elle a succombé sous les coups de pieds et de poings que lui a donnés son mari ». Âgé de 24 ans, Boyer fut arrêté sur les lieux du crime, sans opposer de résistance. Ayant examiné le corps de la victime et recueilli les preuves, Joseph Lanctot, capitaine de la milice, recommanda qu'on porte une accusation de meurtre avec préméditation contre Boyer, qui «est depuis longtemps adonné à l'usage immodéré des liqueurs enivrantes».

Un mari barbare

Non seulement Robert Pole s'offrait-il le sadique plaisir de rosser régulièrement son épouse, mais il poussa la démence jusqu'à causer la mort d'un enfant dont le couple avait la garde, apprirent les Montréalais, le jeudi 27 septembre 1832.

Probablement devenu veuf, Daniel Murphy avait confié son jeune enfant aux bons soins de l'épouse de Robert Pole. Durant le mois de septembre 1832, Pole flanqua souvent des raclées à sa conjointe et «lui fit des meurtrissures en différentes parties du corps». Lors d'une séance de tabassage, «plusieurs des coups lui furent portés lorsqu'elle tenait l'enfant dans ses bras, et on suppose que l'un de ces coups lui endommagea le crâne», constata le coroner. «L'enfant se trouva dangereusement malade et mourut samedi dernier», soit le 22 septembre 1832.

Accusé formellement d'homicide, Robert Pole fut arrêté et emprisonné, en attendant la tenue de son procès. Une fois de plus, le journaliste déplorait que «l'intempérance [l'abus d'alcool] ait été la cause principale de ce fatal événement».

Dans le village de Saint-Édouard, le 27 février 1843, la beuverie d'un couple se termina en tragédie quand l'époux, Hugh Cameron, assassina sa femme sous les yeux horrifiés de leurs trois enfants.

Lors du procès, le principal témoin fut « le fils du prisonnier, âgé de 13 ans, qui est appelé à déposer contre son père ». Le jour du drame, « l'un et l'autre étaient enivrés et ils avaient l'habitude de boire, surtout la mère, ce qui était un sujet de discorde dans le ménage », confia l'adolescent. En présence des deux autres enfants, âgés de deux ans et de huit mois, ce garçon « a vu sa mère frappée à coups de tisonnier et elle expira sous les coups ».

Affolé, le jeune témoin courut demander de l'aide chez le voisin, Thomas Figsby. Ce dernier alla voir la scène du crime avec les enfants, qui « allumèrent une chandelle et cherchèrent leur mère ». On la trouva morte sur le plancher de la cave, « le corps presque nu, étendu sur le côté ». Les témoins sortirent du lieu pour revenir avec quatre autres personnes. À leur retour, « le corps était dans la chambre près du lit et le père était assis près du poêle ». On vit Cameron se lever et prononcer à voix haute le nom de sa femme. Comme elle ne répondait pas, il lui lança ces mots : « Et bien, reste là et sois damnée !!! » On procéda alors à l'arrestation de l'homme et, le lendemain, « il ne se rappelait rien de ce qui s'était passé ».

Cameron fut reconnu coupable de meurtre et le juge Day prononça « la sentence de mort qui doit être exécutée le 6 avril ». Dans son édition du jeudi 6 avril 1843, le *Journal* publia cette nouvelle : « La peine de mort prononcée contre Hugh Cameron, de Saint-Édouard, trouvé coupable de meurtre sur sa femme, en février dernier, vient d'être commuée en 14 années de réclusion au pénitentiaire de Kingston, vu les circonstances atténuantes et la recommandation du jury. »

LE MONSTRE DE SHAWVILLE

« Le procès de James Goodwin, accusé du meurtre de sa femme, est une cause qui décèle le plus de cruauté, le plus de barbarie qu'on n'ait jamais encore vue dans nos annales judiciaires », s'exclama un journaliste, le lundi 7 février 1848.

Cette affirmation s'est avérée juste, car il a été démontré au tribunal que Goodwin, « dans l'espace de temps qui s'est écoulé depuis le 1er décembre 1846 jusqu'au 25 février 1847, a causé la mort d'Ellen Goodwin son épouse, en l'éloignant de chez lui, l'empêchant d'y revenir, l'obligeant d'habiter une soue à porcs, négligeant de lui donner la nourriture suffisante, des habits et du feu convenablement ». Cette sordide affaire est survenue à Clarendon, en Outaouais, une localité qui porte le nom de Shawville depuis 1873[4].

Lors du procès, le procureur de la Couronne mentionna que « Goodwin et son épouse avaient eu des différents (sic) ensemble, par la suite desquels la femme avait été obligée de s'enfuir de la maison » et qu'à son retour « le mari la confina dans une soue qui est contiguë à la maison et qu'il lui faisait donner sa nourriture par une petite ouverture, lui refusant la quantité nécessaire et les habits suffisants ». Cette femme fut « trouvée à demi gelée et, après examen, on reconnut qu'elle n'avait pas mangé du tout depuis quelque temps ».

Dans son témoignage, le révérend Fred S. Neve déclara qu'il connaissait l'accusé, mais pas personnellement son épouse. Ayant appris en décembre 1846 que Goodwin enfermait sa conjointe dans une soue, il décida d'aller le rencontrer. L'accusé répondit au pasteur « qu'elle y était allée de son propre mouvement, qu'elle pouvait en sortir de la même manière qu'elle y était entrée et qu'elle recevait là une nourriture confortable ». Neve confirma lui avoir adressé de sévères reproches sur le traitement qu'il infligeait à son épouse, mais « celui-ci répondit que la conduite de sa femme avait été telle qu'elle n'avait aucun droit de se plaindre ».

Puis, le témoignage de la sœur de l'accusé, Mary Goodwin, fut entendu. Elle mentionna que « son frère et son épouse étaient mariés depuis vingt ans, avaient sept enfants, dont la plus jeune a environ douze ans ». Elle expliqua que James « avait permis à ses enfants de donner de la nourriture trois fois par jour à son épouse, dans la soue, d'où elle sortait et où elle était retournée plusieurs fois de son propre mouvement ». Elle indiqua que « la soue n'avait pas été nettoyée depuis le moment où elle y est entrée jusqu'à celui où elle est morte » et que son frère « espérait que la défunte mourrait en restant dans la soue ».

Eliza et Ann avaient été désignées pour aller porter de la nourriture à leur mère. Eliza avoua qu'au début « elles entraient dans la soue, mais plus tard l'odeur devint si suffocante qu'elles ne purent entrer et furent forcées d'introduire la nourriture par les ouvertures de la soue ». Pour sa part, Ann divulgua que « les deux époux s'étaient battus dans une occasion, quand la défunte voulant sortir de la soue, le mari l'empêcha et la frappa avec une corde de la grosseur du doigt ».

Le médecin John Alex Sturgeon alla chercher la dépouille afin de pratiquer une autopsie. « Voulant voir le corps tel qu'il était dans l'intérieur de la soue, il ne put y entrer qu'en se mettant les genoux et les mains par terre », indiqua le médecin, tellement le plafond de la cave était bas. Pour faire l'autopsie, Sturgeon demanda à ce qu'on amène la défunte dans la maison « pour dégeler le cadavre, car le corps était à demi gelé », mais Goodwin « s'opposa à ce que le feu fut fait dans sa maison parce qu'il avait juré que sa femme n'y entrerait jamais, morte ou vivante ».

Dans cette sordide affaire, après seulement une heure de délibération, le jury rendit un verdict d'homicide involontaire. La sentence fut publiée le jeudi 17 février 1848 : « Goodwin, convaincu d'avoir fait mourir sa femme de froid et de faim, est condamné à une réclusion à vie au pénitentiaire. »

Patrick Mullin fut amené au tribunal le 20 janvier 1854. Il dut répondre à des accusations d'avoir «sans la moindre délicatesse et la moindre raison, battu et maltraité sa femme le 15 décembre dernier».

Appelée à témoigner, son épouse raconta «qu'il l'a saisie par la gorge, lui arracha les cheveux, ouvrit la cave et l'y jeta». En remontant au rez-de-chaussée, «elle fut encore très inhumainement maltraitée par son mari». Elle révéla au grand jour à quel point elle vivait dans un contexte de pure terreur: «Il mettait ordinairement sous son oreiller, la nuit, une paire de pistolets et un rasoir avec lequel il menaçait de me tuer.»

Dans le but de minimiser la gravité des gestes de son client, l'avocat Smith «s'efforça de démontrer qu'un mari avait le droit de battre sa femme» et, pour soutenir sa thèse, il cita un cas de jurisprudence ayant impliqué un dénommé Sam Click. Président le procès de Mullin, le juge McCord intervint immédiatement en rappelant sèchement à Me Smith que «les autorités qu'il avait citées étaient applicables dans les anciens temps de barbarie, mais qu'elles étaient maintenant tombées en désuétude». Patrick Mullin fut donc reconnu coupable de voies de fait sur son épouse.

CES ENFANTS MAL AIMÉS

LES NÉGLIGÉS

Aujourd'hui comme autrefois, tout parent responsable sait qu'un drame peut survenir lorsqu'on laisse un enfant sans surveillance. Les exemples suivants démontrent que l'insouciance de certains de nos ancêtres leur a valu une très cruelle leçon.

À Longueuil, le jeudi 28 avril 1831, l'épouse d'Isidore Varie alla chez un voisin, «laissant seul dans la maison un enfant âgé d'environ cinq ans». En l'absence de sa mère, le bambin s'approcha trop près du poêle chaud de la cuisine et «le feu prit à ses vêtements». Hurlant de douleur, «il sortit dehors tout en feu et les voisins accoururent, mais déjà ses vêtements étaient brûlés et il ne lui restait sur le corps que quelques lambeaux enflammés». Cet enfant rendit l'âme peu de temps après.

«Encore une mort d'enfant par le feu par suite de la négligence des parents, négligence impardonnable dans un pays où ces accidents sont fréquents», clama le *Journal*, le 27 juillet 1835. Cette fois, la victime fut l'un des enfants de Pierre Saint-Pierre, demeurant à Saint-Hyacinthe. Ce jeune de cinq ans «ayant été laissé seul avec un autre enfant à la maison, pendant que les parents étaient à la messe, tomba dans le feu et mourut le lendemain des brûlures horribles qu'il avait souffertes».

Il semble bien que les fréquents rappels des médias sur la vigilance parentale n'ont eu aucune influence chez certains individus. Le samedi 23 juillet 1836, à Saint-Antoine-sur-Richelieu, « le père et la mère étaient allés au champ, et ils avaient laissé dans la maison leur jeune enfant endormi et seul, ne devant être que peu de temps absents ». À leur retour, toute la maison flambait comme une boîte d'allumettes et « il fut impossible de porter secours à leur infortuné jeune enfant, qui périt victime de cet accident funeste ».

Le samedi 19 mars 1853, on publia qu'un enfant de huit ans avait été plongé dans une véritable histoire d'horreur. Il accompagnait son père, un cultivateur de Saint-Simon dénommé Plante, qui venait vendre un chargement de poissons à Saint-Hyacinthe. Le père descendit de sa charrette pour se diriger vers un entrepôt construit en bordure de la voie ferrée et confia la garde du cheval à son fils. « Pendant que le père s'absente, voilà que le train arrive et alors le cheval, s'effrayant du bruit de la locomotive, se cabre, trépigne et frappe l'enfant d'un coup de fer à la figure ; puis, pour comble de malheur, il s'élance sur la voie ferrée au moment où la locomotive passait », raconta un témoin. Le jeune fut sérieusement blessé et on dut malheureusement abattre le cheval, car la locomotive lui avait cassé les pattes. Choqué par le manque de jugement de ce père, le *Journal* tira cette conclusion : « Tel est le triste résultat de l'irréflexion. »

Lors d'une assemblée du conseil municipal de Montréal tenue le 19 juillet 1844, le maire, Joseph Bourret, annonça la triste nouvelle que « deux enfants avaient été trouvés abandonnés dans la rue et avaient été entretenus par le chef de police, à la station centrale pendant une semaine, n'ayant pu obtenir pour eux un asile dans un établissement de charité ». Touché par leur misérable sort, M. Bourret avait personnellement avancé de l'argent et demandait au Conseil « le remboursement d'une somme de six piastres qu'il lui a fallu dépenser pour obtenir pour eux les habillements nécessaires ». Le maire profita de cette occasion pour constater que « ce n'était pas la première fois que de semblables abandonnements d'enfants avaient lieu et qu'il conviendrait de faire appel à la Législature [le gouvernement] la priant de former un établissement pour la réception de ces malheureux orphelins ».

Le maire de Montréal avait raison de s'insurger contre l'abandon d'enfants dans les rues de sa ville. Certains parents avaient même le culot d'abandonner un nouveau-né ! Par exemple, le lundi 15 mars 1847, le *Journal* rapporta qu'un policier « a trouvé hier soir, sur un perron d'une maison de la partie ouest de la rue Notre-Dame, un enfant enveloppé de linges et âgé d'environ quatre mois, qui venait sans doute d'y être déposé par une mère marâtre ». Ce bébé fut apporté « à l'Hospice des enfants trouvés des Sœurs Grises ».

L'abandon d'un enfant n'était pas qu'un phénomène urbain. Voici un cas plutôt médusant diffusé par le *Journal*, le lundi 27 septembre 1847, sous le titre *Un nouveau Moïse*. À Berthier, dans Lanaudière, un cultivateur fut « attiré par la vue d'une caisse qui flottait sur le fleuve vis-à-vis de ce village » et monta rapidement à bord de son embarcation pour aller chercher cet étrange objet à la dérive. De retour sur le rivage, « il l'ouvrit et, à sa grande surprise, y trouva un enfant de trois ans enveloppé dans des couvertures et vivant ». Le pauvre homme n'ayant pas les moyens de s'occuper de cet enfant, « il s'est adressé au curé pour qu'il le recommande aux âmes charitables de sa paroisse ». Ce curé se nommait Jean-François-Régis Gagnon, et il occupa cette fonction de 1835 à 1875[5].

Les tabassés

Un journaliste outré écrivit, le lundi 15 avril 1844, « qu'il s'est passé vendredi dernier une scène des plus scandaleuses », car « on a vu, au milieu de Montréal, un individu revêtu des fonctions de magistrat, et de plusieurs autres fonctions, s'oublier au point de commettre la plus flagrante violation de la paix publique sur la personne d'un enfant inoffensif ». Et il ne manqua pas de divulguer le nom de cette personnalité publique : « L'accusé n'était rien de moins que Bartholomew Conrad Augustus Gugy, avocat, colonel et adjudant général des milices, juge de paix. »

Le matin du vendredi 12 avril 1844, un garçon âgé de treize ans, un camelot du journal anglophone *Pilot*, distribuait comme d'habitude les exemplaires des abonnés. Par mégarde, il en remit un à la servante de Gugy, qui n'était toutefois pas abonné à ce périodique. La servante prit le journal et « l'ayant porté à son maître, celui-ci, furieux, s'élança hors de la maison, atteignit l'enfant dans la rue et lui jeta son journal avec des injures, le frappa et le renversa par terre ». Des témoins racontèrent que le jeune, saignant et pleurant, se releva avec peine. « Le coup lui avait été porté à la tempe et à l'œil gauche, et avait été assez rude pour que longtemps après l'enfant saignât encore », a-t-on appris au tribunal. Lors de son arrestation, Gugy voulut « donner deux pièces de trente sous au petit garçon comme pour le récompenser du mauvais traitement qu'il venait, à quelques heures de là, de lui faire essuyer », mais l'adulte accompagnant le garçon y opposa un refus catégorique.

Dans sa plaidoirie au tribunal, l'avocat de la jeune victime, un dénommé Drummond, insista sur « tout ce qu'il y a de bas et de méprisable de frapper ainsi un enfant inoffensif, surtout par un homme qui dit occuper des places sous le gouvernement, un magistrat, un homme enfin, comme il le dit lui-même, qui n'est pas du commun [de basse classe] ». Malheureusement pour le garçon, Gugy eut gain de cause [6].

Né à Trois-Rivières en 1796, Gugy devint militaire en 1812, puis membre du Barreau en 1822. À titre de colonel, il combattit les patriotes lors de la rébellion de 1837, et on raconte à son sujet qu'il aurait fait boire son cheval dans le bénitier de l'église de Saint-Eustache. Au cours de sa vie, il occupera diverses autres fonctions, dont celle de magistrat de police à Montréal (1838), adjudant général de la milice du Bas-Canada (1841-1846) et député de Sherbrooke (1831 et 1848). Gugy décéda à Beauport en 1876[7].

Le dimanche 15 mars 1846, à Montréal, « un petit enfant d'environ huit ans fut pris dans la rue, sans protection et sans asile, et amené au Bureau de Police ». Interrogé par des agents, « il répondit qu'il était de Saint-Jean, qu'il en était parti parce qu'il avait brisé une lampe et qu'il craignait d'être puni ». Imaginez, pour qu'un enfant fasse à pied le trajet entre Saint-Jean-sur-Richelieu et Montréal, il devait être totalement terrorisé à l'idée de subir une solide raclée ! « Son père, qui est du régiment stationné à Saint-Jean, ayant appris l'aventure de son enfant, l'a réclamé et fait reconduire chez lui », informa le *Journal*.

Dans une autre affaire, qualifiée de « cas affreux », le *Journal* révélait, le 5 juin 1848, qu'un homme « du nom de McLean [avait] été accusé d'avoir maltraité son fils dans les circonstances suivantes rapportées par des témoins ».

En bordure du fleuve Saint-Laurent, près de la rue Saint-Nicolas-de-Tolentin, à Montréal, des citoyens virent McLean engueuler son fils âgé d'environ sept ans. Puis, « il lui ôta son habit, lui noua une corde autour du corps et attacha l'autre extrémité [de la corde] à un poteau, et, lui ayant ôté son chapeau, il le précipita dans l'eau ». Éberlué, un dénommé Flood décida d'intervenir et demanda au père ce qu'il était en train de faire à son fils. McLean lui répondit sèchement « de se mêler de ce qui le regardait ». En voyant la force du courant en cet endroit,

« Flood, croyant l'enfant en danger de se noyer, le retira de l'eau ». Lors de son arrestation, McLean raconta au policier « qu'il n'avait l'intention que de châtier son enfant pour une faute qu'il avait commise ».

LES EMPOISONNÉS

Une enquête du coroner eut lieu, le lundi 18 octobre 1852, dans l'affaire du décès d'une petite fille âgée de trois ans, l'enfant du typographe montréalais Georges Trudel :

> Il paraît que cette enfant avait été laissée sous les soins d'une jeune fille de onze ans pendant l'absence du père et de la mère, et que cette jeune fille, sans en connaître les conséquences, fit manger du sucre d'orge à l'enfant après l'avoir plongé dans une poudre achetée pour exterminer les rats de la maison. L'enfant fut tout de suite saisie de maladie et, n'ayant pas obtenu les soins d'un médecin assez tôt, en mourut quelques jours après.

Dans ce cas, le coroner conclut que « l'enfant a été empoisonnée par la jeune fille de onze ans, mais sans mauvaise intention ».

Un drame similaire se produisit cette fois à Saint-Eustache, au début du mois d'août 1855. Âgés de moins de cinq ans, les deux fils d'un boulanger dénommé Dorion « sont morts des effets d'un poison dont ils avaient mangé et qui était destiné à la destruction des rats ». Selon les renseignements obtenus par le *Journal*,

« il paraît que ce poison avait été laissé dans un endroit où il était possible aux enfants de l'atteindre ».

LES MARTYRISÉS

Intitulé *Une mère sans entrailles*, un article du mardi 31 mai 1853 relata « qu'on a jeté dans la prison de cette ville [Montréal], samedi dernier, une misérable accusée d'avoir fait brûler son enfant ». Cette femme s'appelait Émilie Charpentier et était l'épouse de Charles Quintal.

On apprit alors que « cet être, qui mérite de porter ni le nom de femme ni le nom de mère, mène depuis plusieurs mois une vie errante, traînant à sa suite deux enfants qu'elle nourrissait du fruit de sa mendicité ». Le mardi 24 mai 1853, elle arriva dans le village de Saint-Ours et « n'a pas tardé à s'enivrer aussitôt qu'elle eut pu quêter une somme suffisante à cet objet ». C'est alors que des personnes furent les témoins d'une véritable scène d'horreur : complètement soûle, Émilie Charpentier devint soudainement folle de rage, une rage « qu'elle trouva malheureusement moyen d'assouvir sur une jeune enfant, sa fille, âgée de dix ans, quand elle essaya de la faire brûler en mettant le feu à ses vêtements ». On la vit « attacher sa fille à un piquet de clôture et elle se mit à la brûler vive au moyen d'allumettes ». Heureusement, l'intervention rapide de témoins sauva la vie de cette innocente victime.

Accusée d'assaut avec intention de meurtre sur la personne de sa fille, Émilie Charpentier fut reconnue coupable par le tribunal, a-t-on lu le samedi 14 janvier 1854, sans plus de détails cependant sur la peine infligée.

LES ASSASSINÉS

Il sera toujours triste et ébranlant d'apprendre qu'une personne adulte a violemment tué un poupon. Dans une brève nouvelle, publiée le jeudi 23 décembre 1847, on annonçait la découverte du cadavre d'un nouveau-né, de sexe masculin, retrouvé dans une remise à bois située près de la rue Saint-Georges, à Montréal. « Il était à peine enveloppé avec des débris, d'un vieux lange et portait à la tête des marques de violence », a-t-on constaté. On émit l'hypothèse que « l'enfant [était] mort par suite des coups qu'il a reçus d'une personne inconnue ».

Le vendredi 6 mars 1850, un résident de la Côte-des-Neiges, Olivier Henrichon, 21 ans, fut arrêté, emprisonné et accusé d'avoir causé la mort du fils d'une personnalité montréalaise de l'époque, le botaniste J. E. Guilbault.

Le 6 mars, en après-midi, Henrichon enlevait de la neige dans sa cour « lorsque plusieurs enfants, qui s'y trouvaient à s'amuser, lancèrent des boules de neige sur un cheval qui était attaché dans l'écurie, près de la porte ». À plusieurs reprises, Henrichon demanda aux enfants de quitter les lieux, mais en vain. Dans un geste d'impatience, il lança sa pelle en fer en direction des enfants. « Malheureusement, l'instrument alla frapper la tête de l'enfant de M. Guilbault, âgé de 7 ans et 7 mois, et l'infortuné tomba et expira quelques instants après ;

le coup avait porté sur le derrière de la tête et fracassé le crâne», précisa le journaliste.

Et que penser de cette brève nouvelle datant du jeudi 24 mai 1855 : « Mardi dernier matin, on a trouvé dans le canal [Lachine], flottant à la surface des eaux, le corps d'un enfant âgé de trois mois environ. Une pierre avait été attachée à sa ceinture pour le retenir au fond du canal d'où l'a détaché l'agitation des eaux causée par le passage des bâtiments [bateaux] à vapeur. »

DES VOYOUS EN TOUS GENRES

LES NUDISTES DU DIMANCHE

On cria au scandale, le jeudi 17 juin 1830, car « une foule de jeunes garçons se baignent sans vêtement dans la partie du fleuve qui avoisine l'entrée du canal [Lachine] et aussi dans le canal même ». L'une des conséquences de la prise de possession de ce lieu public par des nudistes, surtout le dimanche, fut que « cette promenade, qui sans cela serait la plus belle de la ville, est fermée à toutes les personnes décentes ». Et le *Journal* concluait en exprimant ce vœu : « Notre police devrait bien empêcher une scène qui ne fait pas honneur à la ville. »

DES CASSEURS NOCTURNES

Décidément, ce n'est pas d'hier que les résidents et les commerçants du Vieux-Québec sont victimes de casseurs de vitres, une navrante tradition épisodique dans ce quartier historique. « Samedi dernier au soir, des personnes mal intentionnées se sont malicieusement amusées à briser un nombre de carreaux de vitres aux fenêtres de diverses maisons dans les rues Saint-Jean, de la Fabrique et jusqu'au niveau de la rue Buade », dénonça-t-on le lundi 24 janvier 1831. Le journaliste mit alors en doute la vigilance policière, indiquant qu'« il paraît singulier que des individus aient traversé une si grande partie de la ville, en commettant des méfaits, sans être arrêtés par les gens du guet [la police] ».

Puanteur au Parlement

Au début de février 1836, une bande de plaisantins réussit à empester l'intérieur de l'édifice du Parlement en utilisant une poudre chimique à l'odeur nauséabonde. Une première tentative avait eu lieu alors que « quelques étourdis ont tenté de jeter une bouteille d'assa-fœtida sur un des poêles de la Chambre d'Assemblée ». Ce produit est une gomme de résine utilisée en médecine qui dégage une très mauvaise odeur. Le coup fut d'abord raté puisque la bouteille, lancée de l'extérieur de la bâtisse, se brisa sur la croisée de la fenêtre.

On refit une tentative le lendemain, avec succès cette fois. Munie d'une bonne quantité de poudre, la bande entra dans le lieu et « ils en répandirent sur plusieurs des poêles d'où l'odeur se communiqua dans la salle des séances », indiquait le *Journal*. La plaisanterie faillit toutefois tourner en tragédie, car deux employés assis dans les galeries furent presque étouffés par la fumée.

À l'époque, le Parlement, ou l'Assemblée législative, était érigé dans le parc Montmorency, le long de la rue des Remparts[8].

VICTIME D'UN CANULAR MATRIMONIAL

Pour avoir publié l'heureuse nouvelle du mariage de J. B. Charland, un citoyen de Yamachiche, le journal *La Minerve* dut par la suite se rétracter et présenter des excuses, le jeudi 13 avril 1837, car ce pauvre homme, encore sous le choc, « nous prie de contredire cette assertion attendu qu'une telle cérémonie n'a pas eu lieu ».

Le *Journal* affirma avoir pourtant « annoncé ce mariage sur la foi d'une lettre qui nous a été adressée, portant le timbre de la poste de Yamachiche et signée "J. B. Charland" ». On avoua candidement que « ce n'est pas la première fois que de semblables espiègleries, si toutefois c'en est une, se pratiquent en ce pays ».

Rappelant au public que « l'étourdi qui s'est rendu coupable de ce faux n'a pas calculé les suites d'une semblable incartade », on prévint ce farceur anonyme que « les tribunaux ont [avaient] déjà été saisis d'une semblable affaire, il y a quelques années, et la personne qui s'en était rendue coupable a été condamnée à des dommages assez considérables ». Selon le *Journal*, « il y a double offense dans le cas présent, car non seulement on a exposé une famille respectable à des plaisanteries déplacées, mais on s'est permis de contrefaire une signature ». En signe de collaboration, « nous nous sommes empressés de faire parvenir à M. Charland la lettre qui nous avait été adressée et qui peut lui servir à découvrir le coupable », ajouta l'éditeur.

LES DÉLINQUANTS DU MARDI GRAS

À Montréal, « on a fait revivre cette année un ancien usage qui était tombé en désuétude depuis longtemps, celui de se déguiser en mardi gras », fit savoir le *Journal*, le jeudi 14 février 1850. Dernière fête populaire avant le début du carême, le mardi gras est une célébration remontant au Moyen Âge. Déguisés et masqués, les fêtards allaient de maison en maison pour boire, chanter et danser. L'un des divertissements consistait à découvrir l'identité des personnes masquées [9].

Ainsi, le mardi 12 février, « plusieurs jeunes gens ont parcouru nos rues, en voiture et à cheval, couverts de haillons ou de clinquant, avec des masques ou le visage barbouillé de noir ». On avait autorisé les Montréalais à célébrer cette coutume, mais on prit soin d'établir des limites : « La police a permis cette mascarade pendant la journée, mais elle l'a strictement défendue pour la nuit. » Mais quand une foule prend possession des rues d'une ville pour célébrer un événement, tout peut arriver. Le saccage d'édifices lors de la fête de la Saint-Jean, à Québec, et lors des défilés de la coupe Stanley, rue Sainte-Catherine, à Montréal, sont deux exemples contemporains éloquents.

Dans le cas présent, « une bande d'individus n'ont pas tenu compte de cette défense, car, dans la soirée, ils se sont assemblés dans la rue La Gauchetière où ils ont fait du bruit et attaqué quelques maisons ». La police dut intervenir et voici le bilan de l'opération : « Quatre d'entre eux ont été arrêtés et admis à caution pour garder la paix pendant six mois ; ils portaient tous des armes meurtrières et étaient ivres pour la plupart. »

POISSON D'AVRIL !

« Une plaisanterie d'un bien mauvais genre, sous la forme d'un 'poisson d'avril', a été faite en cette ville [Montréal] la semaine dernière », déplora le *Journal*, le mardi 6 avril 1852.

L'auteur anonyme de la blague au goût douteux a effectivement fait croire à des médecins qu'un prisonnier, un dénommé Marvell, « avait mis fin à ses jours en se pendant dans son cachot » et il les invita à venir récupérer rapidement le corps pouvant servir à leurs exercices de dissection. Le jour même, des médecins de la faculté de médecine allèrent donc rencontrer le commissaire responsable de la prison qui « a le droit de disposer des prisonniers qui meurent dans la prison, s'ils n'ont été réclamés par les parents ». Mais toute une surprise attendait la délégation médicale : « Les médecins reconnurent qu'ils avaient été dupés, le prisonnier étant en pleine vie et santé. »

En cour criminelle de Montréal, le prisonnier, Andrew Marvell, accusé du meurtre de son épouse, Mary Devine, venait de subir son procès le lundi 29 mars 1852. Il fut reconnu coupable et condamné «à être exécuté le vendredi 30 avril prochain».

DE MALINS FRAUDEURS

UN FAUX PÈLERIN

Le jeudi 8 novembre 1827, on fut mis au courant de l'arrestation d'un délinquant notoire de Montréal. «Cet individu, selon son aveu, est le même qui, il n'y a pas bien longtemps, s'introduisait dans les maisons, sous l'habit d'écolier, et particulièrement chez messieurs les curés, pour en obtenir quelques aumônes afin, disait-il, de lui aider à achever ses études.» Ce récidiviste fut arrêté dans le village de Saint-Mathias où il circulait sous une fausse identité, celle d'Adrien Racine. Cette fois déguisé en pèlerin, avec un gros livre sous le bras, il importunait les gens en demandant «l'aumône pour accomplir un vœu qu'il a fait en l'honneur de sainte Anne».

UN REQUIN DE LA FINANCE

Dans le milieu des affaires de Québec, la panique s'installa le mardi 21 septembre 1830 et, entre autres, «il y eut parmi la classe de nos marchands une agitation extraordinaire causée par le bruit [rumeur] de la disparition d'une personne qui avait établi une espèce de Bureau de

Banque ou de change dans la rue Saint-Pierre ». John Whittle Harvey venait de lever les feutres, emportant avec lui les épargnes de ses clients floués.

Originaire de Belfast, en Irlande, Harvey était arrivé à Québec en mai 1830. Les astuces qu'il utilisa pour berner la confiance de la population s'avérèrent des classiques en ce domaine. En premier lieu, le monsieur prétendait être fortuné et entretenir des relations avec des personnes associées au pouvoir politique. Dès son arrivée, il se présenta comme le frère d'un éminent « membre de la Chambre des communes d'Angleterre et se disait lui-même riche de 60 à 80 000 livres », une fortune colossale à l'époque.

Pour qu'on lui attribue rapidement de la crédibilité, il en mit plein la vue. Dans son local d'affaires, « il avait bâti une voûte pour y mettre son prétendu trésor en sûreté ». Ayant vraiment du talent en marketing, dans une fenêtre protégée par un grillage, il y exposait de nombreuses pièces d'or dans le but d'impressionner les passants de cette rue dans laquelle était établi le milieu des affaires. En plus de vendre des lettres de change et de l'or, « il fut jusqu'à demander qu'on déposa dans sa banque, en offrant de payer des intérêts ». Pour entretenir une rumeur positive sur sa prospérité, il prit bien soin de déposer de l'argent dans chacune des autres banques de Québec.

Pour épater davantage la galerie et « pour couronner le tout, il se mêla dans les courses et acheta en très grande partie [avec d'autres actionnaires] le fameux coursier Filho ». Pour éliminer tout doute sur sa volonté de s'établir au pays, il présenta sa candidature

« pour représenter le comté de Devon dans l'Assemblée provinciale » ; cette circonscription électorale était située dans le Bas-Saint-Laurent. Il annonça d'ailleurs que, le jour du vote, il se présenterait au bureau de scrutin dans son luxueux carrosse tiré par quatre chevaux, ajoutant que ces biens devaient arriver sous peu par bateau, au port d'Halifax.

Avec ses coactionnaires du célèbre cheval Filho, il se rendit à une compétition ayant lieu à Montréal, « où il devait parier considérablement ». La course ayant été annulée en raison du mauvais temps, les actionnaires du cheval Filho revinrent à Québec, mais sans la compagnie de Harvey. « Un monsieur des plus perdants [dans l'arnaque de Harvey] et plusieurs autres qui étaient montés avec lui soupçonnèrent qu'il s'était sauvé. » On se rendit alors dans la maison où vivait Harvey : « On ouvrit son porte-manteau et on n'y trouva que quelques chemises sales ! »

« Aussitôt que la nouvelle de sa fuite fut arrivée à Québec, les personnes qu'il avait trompées commencèrent par voir à l'argent qu'il avait laissé aux banques et le firent saisir, ainsi que ce qui se trouvait dans la maison où il faisait ses affaires », écrivit le journaliste. Ayant probablement fui aux États-Unis, « on porte la somme qu'il a emportée à 10 000 livres ».

DES CERTIFICATS FALSIFIÉS

Le jeudi 5 janvier 1832, le *Journal* alerta les citoyens de Montréal que « des individus munis de faux certificats de pauvreté vont dans les maisons et, s'il n'y a personne, ils s'emparent de tous les effets qu'ils y trouvent ». Quand ils frappent à la porte et que quelqu'un vient ouvrir, « ils présentent aussitôt leurs recommandations revêtues de signatures respectables », c'est-à-dire une attestation signée par des personnes connues. Mais, « la plupart du temps, ces signatures sont imitées ». Puisque ce type de fraude était devenu trop fréquent, le *Journal* pensa « qu'il est bon que le public soit mis sur ses gardes ».

DES EXPLOITEUSES DE BONS SENTIMENTS

Une nouvelle alerte fut lancée par le *Journal*, le jeudi 27 novembre 1834 : « depuis quelques semaines, il se pratique un genre nouveau d'escroquerie à Montréal. »

Cette fois, « des femmes et des enfants, portant les haillons de la misère, se présentent dans les maisons privées ou arrêtent les passants dans les rues ». Une fois le contact établi, « ils font un récit lamentable de leur pitoyable situation, soit la mort d'un époux, soit la maladie d'un enfant, soit l'infirmité d'une mère, quelques femmes simulant même une grossesse avancée ». Parfois, on se présente comme de nouveaux arrivants au pays et « on met en avant principalement la douleur de se voir sur une terre étrangère, exposés à mourir de faim faute de parents et amis ».

Dans certains cas, « on offre un anneau en or, en disant qu'on tient extrêmement à cet objet et qu'on désire n'en faire qu'une garantie », le temps de revenir remettre l'argent emprunté quelques heures plus tard.

Le problème est qu'on laisse en garantie « un mauvais anneau de cuivre que le propriétaire infortuné se garde bien de venir reprendre ».

Prévenant le public que « ces industriels ont la langue dorée et très persuasive », on mentionna que « les enfants mêmes sont ceux qui réussissent davantage à inspirer la pitié ». « Ce qu'il y a de plus affreux, c'est qu'on pervertit l'âme des enfants en les habituant à ces honteux manèges », s'insurgea le journaliste. À cette époque, le mot « industriel » était un terme péjoratif désignant une personne imaginant et faisant des mauvais coups.

Un ignoble profiteur

Intitulée *Escroquerie*, une nouvelle publiée le jeudi 13 mars 1845 dévoila « qu'une industrie d'un genre tout nouveau parmi nous a été mise en pratique hier en cette ville », c'est-à-dire à Montréal.

On fut informé « qu'un individu se disant l'ami d'un jeune homme, dont nous annonçons plus bas le décès [dans les avis de décès], s'est présenté chez plusieurs citoyens du faubourg Saint-Laurent réclamant des secours pour faire inhumer le défunt ». Le jeune défunt étant connu dans ce quartier, « quelques-uns se sont empressés d'exercer leur bienveillance envers cette famille qui jouit d'une excellente réputation et qui pourtant, sans être opulente, était bien loin de se trouver dans la nécessité d'avoir recours à cette quête pour rendre les derniers devoirs à leur enfant ».

La famille du défunt alerta le *Journal* et déclara «que l'escroc qui a ainsi abusé de la charité publique a confisqué à son profit le montant de l'argent qu'il a obtenu d'après ce procédé aussi condamnable qu'odieux». Selon les enquêteurs impliqués dans cette affaire, «les informations qui ont été données jusqu'à présent ne sont pas assez précises pour faire découvrir le coupable et le livrer entre les mains de la justice». On ajouta que «les parents et les amis du défunt auront bien de l'obligation [de la reconnaissance] à ceux qui pourraient leur livrer le nom de l'individu en question».

Voici d'ailleurs le texte de cet avis de décès publié dans l'édition du jeudi 13 mars 1845:

> En cette ville, mardi, le 11 du [mois] courant, après onze jours de maladie, a souffert avec une grande résignation M. Édouard Guénette, fils, tailleur, âgé de 20 ans et 9 mois. Ce jeune homme, que la mort a enlevé à la fleur de l'âge, se distinguait par de nombreuses qualités. Il emporte avec lui les regrets d'une famille affectionnée et d'un grand cercle d'amis.

DES MEURTRES SORDIDES

Une affaire d'héritage

«Il y a environ quinze jours ou trois semaines qu'un vieillard, nommé Bergeron, cultivateur de la paroisse de Saint-Antoine [de Tilly], à environ 13 lieues au-dessus de Québec, sur le côté sud du Saint-Laurent, fut trouvé horriblement mutilé à quelque distance de sa maison, dans un bas fond », pouvait-on lire, le lundi 26 novembre 1827. En plus des nombreuses blessures sur tout son corps, le pauvre homme « avait la gorge coupée ». Sur son estomac, on avait déposé un couteau qui ne portait pas de traces de sang. Au moment de la publication de la nouvelle, on précisa que « le coroner est monté pour examiner le corps » et « on a soupçonné deux personnes à qui il avait fait donation de ses biens ».

Il tue son père

Le jeudi 23 septembre 1830, on fut mis au courant du décès de Robert Abercrombie, âgé de 76 ans, qui résidait dans le *township* de Kingsey, qui constitue aujourd'hui la région de Kingsey-Falls. « Après la révolution américaine, il s'établit dans les *townships* de l'Est où, par son industrie, il amassa une honnête fortune et éleva une famille respectable », dévoilait-on sur son compte. Son décès survint dans des circonstances pour le moins inusitées : « Sa mort a été causée par la morsure que lui a faite son jeune fils, un mois environ avant sa mort, dans un moment de folie, fruit de l'usage immodéré des liqueurs enivrantes. » Le lendemain de sa cuite, « cet infortuné jeune homme se noya de chagrin dans un étang près de la demeure de son père ».

Deux familles s'affrontent

« Des querelles sanglantes ont eu lieu entre quelques particuliers dans le *township* de Rawdon », signala un journaliste, le jeudi 28 avril 1831. Cette tragédie n'était pas le fruit du hasard, car, dans un récent passé, « deux frères nommés Coultra avaient été grièvement battus par un nommé Brown et ses trois enfants ». Voici donc les faits pertinents quant à cet affrontement entre deux familles de la région :

Le jour de l'événement fatal, Brown et ses enfants passant devant la maison des Coultra, l'un d'eux y alla, en apparence pour demander de la graine de foin. Samuel Coultra ne voulut le laisser entrer sous aucun prétexte. Cependant, il entra et Coultra alors lui commanda de sortir en le menaçant de le frapper de sa hache. Cependant, Brown, le père, avait suivi son fils dans la maison. Et tandis que William Brown et Samuel Coultra se débattaient ensemble, l'autre des Coultra, appelé James, prit son fusil et tira à bout portant touchant dans le ventre de Robert Brown, le père, qui tomba mort. Une enquête présidée par le capitaine Philemon Dugas a rapporté un verdict d'homicide simple contre James Coultra, sur le motif qu'il n'avait tiré qu'en se défendant et pour fermer l'entrée de la maison aux Brown dont les intentions étaient regardées comme suspectes.

Le jeudi 27 mars 1834, on constatait que « la paroisse de L'Assomption vient d'être témoin d'un événement dont les détails font frémir », un incident alors qualifié de « meurtre épouvantable ».

Raymond Brien dit Desrochers et son frère Olivier demeuraient chez leurs parents, dans une maison située « à une lieue du village de L'Assomption, dans le haut de la paroisse ». L'épouse de Raymond Brien, Domitilde Perrault, devait sous peu être assignée comme témoin dans une affaire de vol impliquant son beau-frère Olivier. C'est durant l'absence des parents, qui étaient allés à Saint-Jacques, que survint ceci :

> Dans la nuit de samedi à dimanche, un individu entra dans la chambre de Raymond et donna plusieurs coups de hache à sa femme. Au premier coup, elle se mit à crier qu'on la tuait. Son mari se réveillant voulait la garantir des coups, mais en vain : il reçut plusieurs coups de hache sur les bras. Il réussit enfin à désarmer l'assassin qui prit la fuite.

Raymond Brien demanda à un jeune garçon se trouvant dans la maison d'aller vite chercher du secours chez les voisins. Les témoins trouvèrent « la femme Brien toute couverte de sang, la tête fendue en divers endroits et sans connaissance ». Fait étonnant, Olivier Brien revint sur les lieux et « il avait les mains couvertes de sang ainsi que ses habits et avait laissé des traces de sang sur les portes ». Malheureusement, cette jeune mariée âgée de 18 ans « mourut le dimanche matin, vers 8 heures, sans avoir recouvré sa connaissance ».

Olivier Brien alla rencontrer un dénommé Pépin qui, « dans le cours de la conversation, conçut des soupçons sur son compte et l'arrêta comme prisonnier ». « Le coroner le fit aussitôt arrêter et conduire à la prison de Montréal », en attendant de subir son procès pour le meurtre de sa belle-sœur.

UNE ENGUEULADE MEURTRIÈRE

« Un meurtre horrible vient d'être commis en cette ville ce matin à 10 heures, dans la rue Mignonne, faubourg Saint-Laurent », apprirent les Montréalais, le lundi 5 mai 1834. Dans les instants précédant la tragédie, « il paraît qu'un nommé Thomas Goodman, maître de danse, avait échangé quelques paroles avec Toussaint Saint-Amour, charretier ». Cette prise de bec dégénéra :

> Goodman abandonna la partie pour courir chercher un fusil et revint vers l'endroit où se trouvait Saint-Amour qui était alors en compagnie de Louis Boucher, maçon. Goodman, le fusil à la main, se saisit de Saint-Amour et lui dit de le suivre au Bureau de la police. Ce dernier ne faisait aucune difficulté de le faire et se mettait même en marche, mais à l'insistance de Boucher qui lui dit de ne pas s'occuper de Goodman, il revint sur ses pas rejoindre Boucher.

Goodman couche aussitôt son fusil en joue et en décharge le contenu dans la tête de Saint-Amour qui fait encore deux pas et tombe. Boucher reçoit aussi dans l'épaule une partie du plomb dont est chargé le fusil de Goodman. Saint-Amour, malgré les soins des docteurs Nelson et Bruneau, n'a survécu que peu de temps à sa blessure. On a eu beaucoup de peine à arrêter Goodman qui menaçait de tuer ceux qui s'approcheraient de lui. Il est maintenant en prison. Le fusil était chargé avec du plomb à outarde et on en a extrait 35 grains de la tête de Saint-Amour.

Sept ans en cavale

Le lundi 21 novembre 1842, on fit l'annonce du dénouement d'un crime commis quelques années auparavant, mais qui n'avait toujours pas été résolu : « Un habitant de Saint-Michel-de-Yamaska, nommé Maïs, a été arrêté dernièrement sous la prévention d'un meurtre avec circonstances assez extraordinaires. » On rappela alors les faits :

Un voyageur, du nom de François Cartier, arriva, il y a environ sept ans. Il était porteur d'une somme d'environ 400 $, parmi laquelle il y avait 200 $ que deux de ses frères l'avaient chargé de remettre à leur vieille mère qui résidait à Saint-Michel-de-Yamaska. Arrivé à Sorel, Cartier s'arrêta dans une auberge où il célébra son arrivée par quelques libations. Désirant se mettre en route, quoique l'heure fut avancée dans la nuit, il fit demander une voiture pour le conduire à Saint-Michel, lorsque Maïs, qui se trouvait là, lui offrit de le prendre avec lui dans sa charrette, ce qui fut accepté. Des témoins, entendus dernièrement dans l'enquête des magistrats, attestent qu'ils virent Maïs et Cartier dans la même voiture, et, depuis cette époque de sept ans, on n'a jamais pu découvrir aucune trace de ce dernier.

Déterminé à résoudre cette mystérieuse disparition de François Cartier, « l'un des frères de cet infortuné, étant arrivé dernièrement de Détroit, fit des recherches ». Il rencontra de nombreuses personnes afin de reconstituer les faits. Alors que « Maïs se renferme dans un système complet de dénégation, et nie même avoir rencontré Cartier à Sorel, plusieurs témoins affirment le contraire et ajoutent que dans la soirée que Cartier passa à Sorel, il eut l'imprudence de montrer son argent à plusieurs reprises, ce qui aurait pu exciter la cupidité de Maïs ». Le frère de Cartier ayant finalement réussi à rassembler des preuves accablantes, « Maïs a été arrêté et écroué dans la prison de Trois-Rivières, en attendant son procès qui aura lieu aux prochaines assises criminelles qui s'ouvriront en mars prochain ».

UNE CHICANE D'ASSOCIÉS

Le jeudi 14 août 1845, on publia qu'une dispute survenue entre deux partenaires d'affaires s'était terminée dans un bain de sang. Les deux associés exploitaient une entreprise située à Montréal, à l'endroit appelé le Pied-du-Courant ; ce lieu se trouve tout près du pont Jacques-Cartier. Ces deux hommes d'affaires, « qui faisaient ensemble le commerce du bois », étaient Pierre Saint-Amant, de Montréal, et Michel Lambert, un résident de Lanoraie. Voici les détails au sujet de cette consternante affaire :

> Ils étaient propriétaires d'une barge dont Lambert avait le commandement. Mardi, dans la nuit, Lambert arriva à bord et fit des reproches à Saint-Amant sur ce qu'il était souvent absent de la barge et qu'il négligeait la pompe. Il s'en suivit une altercation très vive entre les deux associés, et Lambert se saisit d'une hache qui se trouvait sous sa main et en asséna un coup sur la tête de Saint-Amant. Celui-ci, malgré la violence du coup, se rendit dans la cabine où sa blessure fut pansée par Lambert et deux matelots qui se trouvaient témoins de cette triste scène. Saint-Amant expira vers 4 heures du matin, sans autres secours que ceux qu'il reçut de son assassin et des deux hommes de l'équipage. Aussitôt que Lambert se fut aperçu que sa victime avait cessé de vivre, il s'embarqua dans un canot et traversa le fleuve.

Des policiers et un coroner arrivèrent sur les lieux vers neuf heures le matin. Ayant examiné le corps de la victime et interrogé les témoins, « le coroner émana immédiatement une prise de corps [mandat] pour l'arrestation de Lambert, et le sous-chef de police Jérémie fut envoyé à sa poursuite ».

Deux femmes soûles en furie

« Il paraît, d'après une enquête tenue hier par le coroner, qu'une querelle s'engagea le 28 juillet, dans l'un de nos faubourgs, entre Mary-Ann Turner et Mary-Ann Graham », rapportait l'édition du 12 août 1852. Cette engueulade tourna au vinaigre : « Après les paroles, on en vint aux coups et la première fut tellement maltraitée par l'autre qu'elle fut transportée à l'hôpital de la prison où elle mourut mardi dernier des suites des blessures qu'elle avait reçues. »

Une accusation de meurtre prémédité fut portée contre Mary-Ann Graham et « l'accusée a été envoyée en prison pour y attendre son procès à la prochaine cour criminelle qui s'ouvrira le 14 octobre prochain ». Selon les témoins interrogés, « il paraît que la victime et l'accusée étaient ivres lorsque la querelle, qui devait se terminer d'une manière aussi tragique, s'engagea entre elles ». « Un meurtre commis par une femme est quelque chose d'inouï dans nos annales judiciaires », s'exprima le journaliste.

Un infanticide

Le jeudi 7 septembre 1848, on fut stupéfait d'apprendre que deux citoyens de Saint-Laurent [à Montréal], Louis Legault et sa nièce, Elmire Legault, venaient d'être arrêtés pour faire face à « des accusations d'avoir entretenu ensemble un commerce illicite et d'avoir caché la naissance de deux enfants qui auraient été enterrés dans une cave ». Le journaliste n'expliqua pas si le terme *commerce illicite* signifiait en réalité une *relation amoureuse proscrite*.

C'est le frère d'Elmire qui parla de cette affaire au coroner Coursol « qui se transporta sur les lieux mardi et fit faire des fouilles dans la cave, mais sans résultat ». Ce fut finalement Louis Legault « qui a avoué que les corps ont été exhumés de la cave et enterrés dans un champ ».

UNE NOCE PERTURBÉE

« Monsieur le coroner Coursol s'est rendu à Saint-Jean, lundi dernier, pour tenir une enquête sur le corps d'un homme qui est mort des suites d'un coup qu'il avait reçu en se battant avec autre pendant une noce à Saint-Athanase », publiait-on le jeudi 21 février 1850. Sans donner de détails sur l'identité de l'agresseur et de la victime, il fut démontré que « le coup avait été assez violent pour le faire tomber à la renverse et sa tête, ayant rencontré un morceau de glace en tombant, fut horriblement fracassée, et il expira quelques jours après ». Regrettant sans doute son geste, « l'auteur de ce meurtre involontaire visita plusieurs fois le malade, mais il se sauva aux États-Unis aussitôt qu'il apprit qu'il venait d'expirer ».

DES AGRESSIONS SAUVAGES

Des assauts sur des policiers

« Notre ville, ordinairement si paisible et où on peut circuler de jour ou de nuit sans avoir rien à redouter, vient d'être le théâtre d'un de ces outrages presque sans exemple ici », pesta un journaliste indigné, le lundi 7 août 1843. Celui-ci écrivit qu'à Montréal, « dans la nuit de samedi à dimanche, une bande d'individus, au nombre de sept à huit, fut remarquée parcourant les rues Sanguinet et Saint-Louis, attaquant et maltraitant les hommes de police qui se trouvaient dans les environs ». Le chef de police Comeau fut lui-même victime d'un guet-apens :

> Vers trois heures du matin, il fut réveillé tout à coup par des cris étouffés "Au meurtre ! Au meurtre !". Il se précipita dans la rue sans prendre le temps de se vêtir, avec une petite canne qui se trouva sous sa main. Il s'avança vers le coin de la rue Saint-Louis et Saint-Denis, peu éloigné de sa demeure, où il trouva deux ou trois hommes et deux femmes qui faisaient semblant de se battre. M. Comeau s'avança précipitamment et demanda où était celui qui venait d'être assassiné. Alors, cinq à six autres sortirent d'une porte de cour et assaillirent M. Comeau de la manière la plus brutale, à coups de pierres et de bâtons. La partie n'étant pas égale, le chef de police battit en retraite afin de gagner sa maison, mais les assassins le poursuivaient avec acharnement et continuaient toujours à frapper,

jusqu'à ce qu'il fut arrivé à la porte de sa demeure, où il tomba épuisé par les coups et le sang qu'il perdait.

Malgré de graves blessures à la tête, le chef de police survécut à cet attentat, grâce à l'intervention d'un dénommé Laberge, « un entrepreneur dont la demeure est vis-à-vis celle de M. Comeau et qui fut réveillé par les cris ».

Quant au motif de cette agression, on émit l'hypothèse que « c'est sans doute le résultat de quelque vengeance de la part de quelques coureurs de nuits qui auraient été précédemment arrêtés par le chef de police dans des lieux de débauche ». Des témoins relatèrent « qu'un jeune homme, qui se trouvait dans un hôtel de cette ville samedi soir, entendit des individus dire que Comeau tomberait sous leurs mains avant que le jour ne paraisse ». Le *Journal* déplorait d'ailleurs que « le nombre de gardes de nuit est certainement insuffisant, surtout dans certaines rues des faubourgs et notamment le faubourg Saint-Laurent où se trouvent beaucoup de maisons de jeu et de débauche ». On suggéra donc de doubler les escouades policières, « surtout les samedis et les dimanches soir, où les désordres sont plus communs que les autres jours ».

Cette affaire ne fut pas un cas isolé, car on signala, le jeudi 17 avril 1845, deux autres agressions de policiers à Montréal :

> Un officier de police ayant été appelé pour mettre la paix dans une maison [rue Saint-Bonaventure],

où plusieurs personnes se querellaient violemment, il aperçut, en ouvrant la porte, un homme qui vint à lui avec un couteau. Celui-ci l'aurait poignardé, mais l'officier para le coup et le saisit. Tandis qu'il se débattait sur le plancher, un autre de la partie saisit le couteau, disant qu'il allait lui-même achever l'officier. Alors, il arriva du secours, et les deux hommes furent pris pour comparaître au tribunal. Ce sont deux cordonniers, nommés Michel Delaney et Peter Murphy.

Samedi dernier, entre six et sept heures du soir, un nommé Keefe était ivre dans la rue Craig et mettait le désordre. L'officier de police ayant voulu l'aborder, celui-ci le frappa violemment et le jeta par terre. Plusieurs personnes s'assemblèrent. M. Boston, le shérif, et un autre monsieur passant par là, s'arrêtèrent pour secourir l'officier. M. Boston reçut deux coups, mais nous pensons qu'il n'a pas eu beaucoup de mal. Keefe a été pris et condamné à deux mois d'emprisonnement.

Moins de dix ans plus tard, soit le 16 août 1853, les citoyens de Montréal furent de nouveau consternés d'apprendre que « pas moins de trois assauts graves ont eu lieu dimanche dernier au soir sur la police ». Voyons les faits :

Le premier a eu lieu vers 7 heures et quart sur un homme de police du nom d'Augustin Daigneau, qui fut grièvement battu près des casernes, par une troupe de jeunes gens ivres, et il fut obligé, pour sauver ses jours, de se faire escorter par quelques soldats qui font la garde dans la cour des casernes. Le second assaut a été commis vers 8 heures dans la rue Saint-Charles-Borromée. Un homme de police faisait tranquillement son devoir dans cette rue lorsqu'il vit fondre sur lui six ou huit jeunes gens qui voulaient l'assassiner. Ce n'est que grâce à ses jambes [se sauver en courant] qu'il a pu échapper à la mort. Le troisième assaut a eu lieu dans le Griffintown, vers 9 heures. Deux individus ont failli tuer l'homme de police de ce quartier en lui jetant une grosse pierre sur le dos.

Atterré, le journaliste se demandait sérieusement : « En présence de ces faits et de quelques autres qui viennent de se passer, n'est-on pas tenté de croire que le respect dû à l'autorité est ici à l'état de problème ? »

La croisière ne s'amuse plus

À l'occasion, il arriva que des scènes de violence éclatent à bord de bateaux transportant des passagers. Voici trois cas éloquents.

Le jeudi 13 août 1829, on publiait « que lundi dernier, pendant que le *Lady of the Lake* était aux Trois-Rivières, en route pour Québec, il s'est élevé entre un citoyen de cette ville et un passager une querelle qui est devenue générale ». Sans préciser le motif de cette agression, voici que l'affaire prit de l'ampleur quand, rassemblés sur le quai, « des habitants de Trois-Rivières ont assailli les passagers et le *steamboat* ». Ce bateau « a été assez endommagé par des quartiers [pièces] de bois, qui furent lancés de part et d'autre, que le capitaine a jugé nécessaire de reprendre le large afin d'échapper à la furie des assaillants ».

Dans le deuxième cas, c'est le racisme qui fut à l'origine d'une bagarre générale. « Nos quais ont été témoins d'une scène bien honteuse dont nous regrettons d'être obligés de dire un mot : des Canadiens ont été dans la nécessité d'en venir aux mains avec des Orangistes », déplorat-on le lundi 20 août 1832. Précisons qu'à l'époque les Québécois francophones s'appelaient *Canadiens* et les Orangistes étaient des anglophones de religion protestante. Quant au déroulement de cet affrontement, le *Journal* indiqua que :

> Le nouveau steamboat le *Patriote canadien* était à peine arrivé vers 5 heures de La Prairie, qu'on vit une foule de personnes se battre par groupes, à coups de poing et avec des pierres. Il paraît que la querelle avait commencé à La Prairie, entre un Canadien et un Orangiste du faubourg de Québec [nom d'un quartier de Montréal]. Ce dernier, ayant dit à l'autre qu'il pourrait seul battre trois Canadiens, reçut une réponse énergique de l'autre qui regardait l'honneur de sa nation comme attaqué. Pendant le trajet, ils eurent souvent des démêlés. Mais aussitôt qu'ils eurent mis pied à terre, ils voulurent continuer leur querelle qui fut épousée par les amis des deux parties et la rixe devint générale. Nous ne pouvons dire quelle partie fut victorieuse, car bien des personnes ont reçu des contusions très graves à la tête et ailleurs,

d'autres ont eu leurs habits déchirés. La fatigue et l'épuisement seuls ont séparé les combattants.

En plus de l'intolérance raciale, le journaliste ajouta « qu'on peut attribuer en grande partie ce désordre à l'état d'ivresse où se trouvaient plusieurs des combattants, qui faillirent tomber à l'eau et y entraîner d'autres ».

Enfin, le lundi 5 juin 1843, le *Journal* rapportait que de jeunes fanfarons anglophones avaient fait un mauvais parti à nul autre que l'évêque de Québec, Mgr Pierre-Flavien Turgeon, « qui a été insulté en montant dans le *Lady Colborne* ». Voici la scène :

> Il y avait huit passagers dans la chambre, dont quatre laïcs et ce sont ces laïcs qui, après s'être regorgés toute la nuit de boissons, se sont permis toutes espèces d'insultes envers l'évêque de Québec et d'outrages à la religion catholique, comme si leur état d'abrutissement leur eut laissé assez de facultés pour juger des hautes théories de notre religion.

En plus des insultes proférées, « ils ont ensuite essayé de prendre le chapeau de l'évêque, placé au-dessus de son lit ». Il faut conclure que là s'arrêtèrent les gestes arrogants de ces voyous, car le journaliste ne fit pas mention d'autres actes déplacés.

Un fils poignarde son père

Un désolant drame familial survint à Beauharnois, le 18 décembre 1846, quand «un jeune homme de 20 ans, après avoir passé le jour à boire dans une auberge du village, rentra sur le soir à la maison de son père, et après plusieurs altercations violentes, il saisit son père à la gorge et le menaça de le tuer».

Témoin de la scène, une jeune femme courut chercher de l'aide chez un voisin, un dénommé Leduc. Voulant arrêter le fils qui s'acharnait à tabasser son père, le jeune «tira un couteau et en frappa Leduc à trois places au côté gauche, le troisième coup ayant porté entre la sixième et la septième côte». Après avoir fui les lieux, l'agresseur fut finalement «arrêté et envoyé à la prison de Montréal». Heureusement pour le bon samaritain, on constata que «Leduc est hors de danger».

Une chicane de clôture

En juillet 1848, dans la localité de Saint-Philippe, deux voisins étaient en brouille au sujet de la propriété d'un lopin de terre. Durant une nuit, Paul Dupuis, sans prévenir son voisin, le capitaine Lafontaine, décida de changer l'emplacement d'une clôture mitoyenne. Contestant le geste de Dupuis, Lafontaine obtint des autorités qu'il soit ordonné «que la clôture serait remise où elle était auparavant», signala le journaliste.

En vertu de l'ordonnance qu'il avait obtenue, Lafontaine se rendit «avec un de ses fils et trois autres hommes pour y refaire la clôture », le mercredi 5 juillet, vers deux heures de l'après-midi. Travaillant alors dans son champ et voyant arriver ses voisins, Dupuis « court à sa maison, prend un fusil et un pistolet ». Revenu rapidement au champ, il s'approcha du fils de Lafontaine qui commençait à arracher des piquets. C'est alors que « Dupuis crie aux autres de s'éloigner et lui décharge son fusil dans le ventre, étant à la distance de 20 à 24 pieds » du jeune Lafontaine. Peu après avoir commis cette tentative de meurtre, voici que Dupuis se rendit lui-même chez un représentant de la justice pour qu'on l'arrête.

Quant au fils de Lafontaine, il reçut « 47 grains de plomb, dont 24 dans la main gauche et le reste dans le bas ventre ». « Quoiqu'il soit grièvement blessé, on pense qu'il n'en mourra pas », rassura le *Journal*.

UN CLIENT VIOLENT

« Un crime atroce a été commis l'autre jour en cette ville [Montréal] par un Écossais nouvellement arrivé, qui n'était ici que depuis quelques jours », apprirent les lecteurs, le jeudi 29 août 1850. Ce nouvel arrivant fut l'auteur d'un violent attentat commis à l'endroit d'un charretier, un métier similaire à celui de chauffeur de taxi :

> Cet homme, nommé James Walker, avait employé mardi soir plusieurs charretiers sans les payer. Vers 2 heures du matin, il se fit conduire à son hôtel, rue des Commissaires, par un charretier du nom de Richard Bennett. Celui-ci insista pour se faire

payer et menaça Walker de le conduire à la police s'il refusait. Walker tira un couteau de sa poche et infligea cinq blessures à Bennett dans la figure, sur le cou et sur la poitrine.

On confirma qu'heureusement pour Bennett, il eut la vie sauve et « pourra rendre témoignage contre son meurtrier », qui fut d'ailleurs arrêté.

Le violeur Charles Toussaint

Intitulé *Sentence de mort*, un reportage daté du 28 février 1850 fit mention « qu'un nommé Charles Toussaint a été condamné à mort, dans le district de Saint-François, pour crime de viol sur une jeune fille de quatorze ans ». « Les preuves contre le prisonnier ont été très convain-cantes et le jury a rapporté un verdict de culpabilité », confirma le journaliste.

Mentionnons qu'à partir du milieu du XIXe siècle l'opinion publique commençait à privilégier l'empri-sonnement à vie pour les auteurs de crimes très violents, plutôt que la peine de mort. Le commentaire exprimé par le journaliste sur le cas de Toussaint reflétait ce courant de pensée : « Bien que ce Toussaint soit évidemment coupable de la scélératesse la plus brutale, nous espérons que cette sentence sera commuée en un emprisonnement perpétuel au pénitentiaire. » Il avança de plus que « la société serait par ce moyen tout aussi bien protégée que si on l'envoie immédiatement dans l'autre monde ».

Le souhait exprimé par le journaliste se concrétisa, car le jeudi 21 mars 1850, on déclarait « que la peine de mort portée contre le nommé Toussaint, dans le district de Saint-François, a été commuée par Son Excellence le Gouverneur général : Toussaint passera le reste de sa vie aux travaux forcés, dans le pénitentiaire provincial ».

UNE BAGARRE EN PLEINE RUE

Le samedi 27 août 1853, les Montréalais furent stupéfaits de lire « qu'une atrocité des plus grandes et presque incroyable même a été commise ici, lundi soir dernier, au haut de la rue Sainte-Catherine ».

Charles Hébert et Benjamin Fabre se croisèrent dans la rue La Gauchetière. Sans en donner la raison, le journaliste rapporta qu'une chicane éclata entre ces deux ouvriers qui décidèrent d'aller se battre « au haut de la rue Sainte-Catherine ». Voici le récit de cette bagarre survenue sur la place publique :

> Les deux champions s'étant déshabillés, un vrai combat de chiens s'en suivit : le nommé Fabre se jeta sur son adversaire qu'il terrassa, vu sa force supérieure à celle d'Hébert, et se mit à le mordre impitoyablement, aux mains, aux bras, au visage et surtout au côté gauche où il lui emporta un large morceau de chair.

> Ce ne fut qu'après l'avoir horriblement déchiré et mutilé que Fabre lâcha prise, des personnes étant venues au secours du malheureux Hébert qui

criait au meurtre, sans être entendu de la police qui, dans cet endroit éloigné, ne se trouve jamais, ce qui est cause qu'il s'y commet beaucoup de crimes journellement.

Sans ajouter de détails sur les suites de ce sanglant combat, on sut cependant que le pugiliste « Hébert est aujourd'hui dangereusement malade ».

HORREUR À TROIS-RIVIÈRES

Originaire de France et nouvellement établi à Trois-Rivières, un dénommé Ruffier fut victime d'une tentative de meurtre survenue durant la nuit du dimanche 10 septembre 1854. Le drame se déroula dans la maison d'un Irlandais, construite près d'une brasserie située « à deux milles environ de Trois-Rivières, sur les rives du Saint-Maurice ». Selon les témoignages recueillis par le journaliste, la victime aurait fait l'objet d'un complot planifié par un groupe d'individus résidant à proximité de cette brasserie où travaillait Ruffier :

La lutte entre M. Ruffier et ses assassins a commencé vers 10 heures du soir et ne s'est terminée que le matin vers 4 heures, alors que ses adversaires se sont enfuis craignant d'être appréhendés. Ils avaient employé pour armes contre leur victime une fourche, une faux et une hache, que l'on a trouvées couvertes de sang ainsi qu'un drap imbibé de sang près des résidences des assassins soupçonnés.

Selon des témoins, « les assassins savaient M. Ruffier nanti d'une assez forte somme d'argent, dont on lui a dérobé une partie », et sa montre en or « a été trouvée sur l'épouse d'un individu aujourd'hui entre les mains des autorités ». Le mardi 12 septembre, le *Journal* ajouta avec compassion « qu'il n'est guère probable que M. Ruffier survive aux blessures affreuses qu'il a reçues, car il n'est pas une partie du corps de la victime qui ne soit profondément contusionnée ».

DES BANDITS DE GRAND CHEMIN

Des brigands qui attaquent seuls ou en groupes des voyageurs circulant sur une route s'avère un phénomène plutôt rare de nos jours. Quand une automobile circule à vive allure, il devient impossible pour un groupe d'individus de se cacher pour ensuite surprendre et détrousser des passagers. Au XIXe siècle cependant, ce genre de crime était souvent rapporté par les journaux. La vitesse peu élevée des véhicules de l'époque faisait malheureusement le bonheur des bandits de grand chemin.

LE GANG DE LA CÔTE SAINT-MICHEL

« Vendredi dernier, vers 9 heures du soir, le nommé Jean-Baptiste Lafleur, s'en retournant de la ville où il était venu vendre plusieurs effets, fut attaqué sur le grand pont de la côte Saint-Michel, dans la paroisse de Montréal, par cinq hommes qui, entourant sa voiture, lui demandèrent son argent », rapporta le *Journal*, le lundi 14 avril 1828.

Le pauvre homme commit l'erreur de résister aux assaillants et d'affirmer qu'il n'avait pas d'argent sur lui. Ne croyant pas Lafleur, quatre hommes montèrent alors dans la voiture, pendant que le cinquième tenait le cheval par la bride. « Les quatre premiers maltraitèrent horriblement Lafleur à qui ils enlevèrent 143 piastres qu'il avait reçues tant pour ce qu'il avait vendu ce jour que pour des effets vendus auparavant », raconta la victime. Après l'avoir menacé de mort s'il parlait de cette affaire, les malfaiteurs prirent la fuite. Attristé par une telle mésaventure, le journaliste mentionna « qu'il est à souhaiter que les auteurs d'un vol aussi hardi, et accompagné de pareilles circonstances, soient bientôt découverts pour recevoir le châtiment qu'ils méritent ».

DROGUER LE CONDUCTEUR

Outre la méthode sournoise de l'embuscade pour détrousser des passants, le prochain cas démontre que mélanger une drogue à de l'alcool, comme on fait avec le GHB de nos jours, est un truc pervers ne datant pas d'hier. Le jeudi 21 mars 1844, on racontait qu'un jeune homme d'une vingtaine d'années avait récemment frappé à la porte d'un cultivateur de Saint-Cuthbert [Lanaudière], vers six heures du matin. Bien habillé, ne parlant ni le français ni l'anglais, il expliqua à son hôte qu'il voulait se rendre à Montréal et lui demanda s'il pouvait lui rendre ce service. Pour un montant de 9 francs, l'agriculteur convint avec l'étranger qu'une personne irait le conduire jusqu'à Lavaltrie. Le marché fut conclu, sans qu'on soupçonne qu'un drame s'annonçait :

> Un jeune homme fut chargé de conduire le voyageur. Le long du trajet, l'étranger fit prendre à son conducteur deux ou trois coups d'une liqueur qu'il avait dans une petite bouteille. Entre Lanoraie et Lavaltrie, le conducteur tomba dans un état d'engourdissement au point que l'étranger le déposa sur la glace, où il demeura sans connaissance pendant plusieurs heures. Des gens qui l'aperçurent eurent beaucoup de peine à le tirer de l'état de torpeur où il était.

« L'étranger avait-il mêlé quelque drogue à cette liqueur [?] », se demanda le journaliste couvrant cette affaire mystérieuse et inusitée. L'hypothèse était plus que probable. Toutefois, la véritable cause expliquant l'état de la victime importe peu, car « pendant que l'un reposait tranquillement sur la glace, l'autre décampait en toute hâte avec le cheval et la voiture », sans avoir évidemment laissé son adresse.

Une vague en 1847

Au printemps de 1847, la région de Montréal connut une vague sans précédent de vols de grand chemin. « Outre les assassinats qui se multiplient d'une manière effrayante, on nous a aussi importé les vols de grand chemin, une manière de s'enrichir qui était inconnue de nos ancêtres », s'indignait le *Journal*, le jeudi 18 mars

1847, à la suite de la mésaventure de deux voyageurs. Voici les faits :

> Mardi dans la nuit, sur la traverse de La Prairie, M. Félix Desmarteaux et M. J.-B. Barret se rendaient à Montréal en voiture, lorsqu'ils furent soudainement arrêtés par deux individus qui, leur mettant le pistolet sous la gorge, leur demandèrent "La bourse ou la vie". Ils renversèrent la voiture et forcèrent les deux voyageurs, le pistolet à la main, de leur donner tout l'argent qu'ils portaient sur eux. Ils dépouillèrent M. Desmarteaux de la somme de 54 $ et M. Barret de celle de 94 $, après avoir frappé et maltraité ce dernier horriblement.

Le 1er avril suivant, on signalait que « la diligence de la Malle [transportant le courrier] du Haut-Canada a été arrêtée entre les Tanneries des Rolland et la barrière du chemin du haut de Lachine, par trois hommes armés, dont deux saisirent les chevaux en menaçant de tuer le cocher s'il persistait à continuer sa route, tandis que l'autre, présentant une carabine aux passagers, qui étaient au nombre de deux, leur demanda "La bourse ou la vie" ».

Ancien nom de la municipalité de Saint-Henri, aujourd'hui annexée à Montréal, les Tanneries des Rolland était un bourg où les sept frères Rolland exploitaient des tanneries [10].

Le lundi 5 avril, « un dénommé Crafton, instituteur à Sainte-Catherine, a été arrêté vers 5 heures du soir, à la montagne, sur la route qui conduit de la rue Sherbrooke à la Côte-des-Neiges, par deux individus armés qui lui volèrent la somme de 50 $». Dans ce cas, les deux bandits furent arrêtés par la police : « Ce sont deux hommes robustes, hauts de six pieds, l'un dit se nommer James Dwyer et l'autre Michael Monagh.»

Le jeudi 8 avril, sous le titre *Encore un vol de grand chemin*, on faisait part du fait que «ce matin, vers 4 heures, un des fils de M. François Lantier, fermier des prêtres du Séminaire, à la montagne, a été volé et dépouillé par deux individus, dans la rue Sherbrooke, près du chemin qui monte à la Côte-des-Neiges ». Trouvant que ce phénomène était désormais devenu très inquiétant, le journaliste conclut son reportage par des recommandations aux autorités municipales :

> Il nous semble qu'il serait temps que les autorités songeassent à établir une patrouille à cheval, sur le plan [modèle] de la police du canal de Lachine. Cette force armée ne serait nécessaire d'ailleurs que d'ici au 15 ou 25 mai. On sait qu'après cette époque les vols seront moins fréquents. La misère qui a régné tout l'hiver a pu porter les gens à se faire voleurs de grand chemin pour procurer du pain à leurs familles […]. Quelques hommes à cheval et biens armés suffiraient pour disperser nos voleurs de grand chemin. Il faudrait aussi de bonnes institutions pour loger et nourrir les pauvres qui manquent d'ouvrage pendant l'hiver.

LES INVASIONS
DE DOMICILE

LE TROP BON SAMARITAIN

Le 19 mars 1827, on publiait qu'un dénommé « Jean-Baptiste Bertrand, cultivateur de la paroisse du Sault-des-Récollets, vient d'être la victime d'une de ces bandes de brigands qui ont volé les curés de Saint-Martin et de la Pointe Lévis ». M. Bertrand était un célibataire âgé de 53 ans et avait la réputation d'avoir beaucoup d'argent. Voici le récit du cauchemar vécu par cet homme qui voulait généreusement venir en aide à un passant :

M. Bertrand veillant jeudi dernier, vers sept heures du soir à la clarté de son poêle avec son engagé, un inconnu frappe à la porte et demande le couvert, disant qu'il était extrêmement fatigué et qu'il avait été refusé à plusieurs maisons.

On admet le traître dans la maison, on referme la contre-porte et, suivant l'usage hospitalier du pays, on fume et on jase avec lui à la clarté du poêle. Vers neuf heures, on étend un lit de camp près du poêle, où couchent M. Bertrand, son engagé et l'inconnu. M. Bertrand fut deux fois réveillé par le bruit que faisait l'inconnu en ouvrant la contre-porte pour sortir dehors, où il resta quelque temps. Il le crut indisposé et n'y fit pas attention.

Vers neuf heures et demie, l'inconnu rentra pour la troisième fois avec quatre complices qui se jetèrent aussitôt sur M. Bertrand et son jeune homme, les lièrent avec des cordes et firent une recherche minutieuse dans toute la maison pour trouver de l'argent, levant même le plancher et le foyer à plusieurs reprises.

Voyant toutes leurs recherches infructueuses, ils saisirent violemment M. Bertrand à la gorge, le serrant dangereusement et le frappant à coups de bâton. Lui tenant une hache sous la gorge, ils le menacèrent de le tuer s'il ne leur révélait pas où était son argent.

Ils allèrent à un hangar avoisinant la maison, où ils s'emparèrent d'environ 300 livres de lard et autres provisions, et de la garde-robe de M. Bertrand et celle d'une sœur défunte. Ils déposèrent le tout dans une traîne de M. Bertrand, revinrent à la maison délier le jeune homme et l'emmenèrent à l'écurie le menaçant de mort s'il ne leur indiquait pas le meilleur cheval de son maître. Ils attelèrent la jument indiquée, revinrent à la maison, brisèrent les armoires et autres meubles de valeur, attachèrent de nouveau le jeune homme et partirent avec le butin, ayant eu soin d'appuyer la porte en dehors par de gros morceaux de bois.

Heureusement, les deux victimes survécurent à cette sauvage agression réalisée par des inconnus qui s'exprimaient en français, selon les témoins. Le lendemain, M. Bertrand se rendit porter plainte à la police et « il avait sur sa figure les marques des mauvais traitements qu'il avait éprouvés ».

Terreur à Cap-Rouge

Charles Paradis et son épouse, un couple qui demeurait dans la localité de Cap-Rouge en banlieue de Québec, furent attaqués dans leur maison par un groupe d'individus, le soir du 8 octobre 1827. Alors que ces étrangers leur criaient d'ouvrir la porte, M. Paradis saisit une hache et monta au grenier pour mieux observer ce qui se passait à l'extérieur. « Peu de temps après, un homme descendit par la cheminée et saisit Charles Paradis, et la femme fut aussi saisie, jetée par terre, puis maltraitée en voulant défendre son mari, au point qu'elle fut laissée sans connaissance », écrivit le journaliste. Finalement, pris de panique, « les malfaiteurs, ayant attelé le cheval de Paradis, prirent la fuite emportant avec eux la hache que Paradis tenait lorsqu'ils étaient entrés ».

Dans l'édition du jeudi 25 octobre, on annonçait qu'un policier, George Linton, « a réussi à appréhender quatre hommes soupçonnés d'être concernés dans l'attaque contre la maison de Paradis, au Cap-Rouge ». Malheureusement, deux individus réussirent à s'enfuir. Lors de l'enquête policière, « il a été découvert deux cabanes, dans les bois de Cap-Rouge, qui étaient le repaire de ces brigands et de quelques viles prostituées ».

La population fut mise en garde, le lundi 15 juin 1835, que «les vols deviennent d'une multiplicité effrayante dans toute la province et l'activité de la police ne peut garantir les citoyens des nombreuses associations de voleurs qui semblent exister». Trouvant la situation très préoccupante, le journaliste fit l'observation que «chaque jour les journaux nous signalent de nouveaux crimes et, si cela continue, personne ne sera en sûreté dans son domicile». Afin d'illustrer son propos, le journaliste rappela quatre exemples récents:

> Un vol considérable eut lieu à Nicolet, chez le seigneur R. C. Chandle: 80 livres en argent et d'autres objets furent enlevés. Les nommés John Johnston et James Wind (ce dernier ayant passé six semaines comme domestique chez M. Forsyth de Montréal) furent arrêtés comme auteurs de ce délit.

> John Ellis, arrimeur [responsable de l'arrimage d'un navire], fut dépouillé, chez lui pendant son sommeil, de 14 livres en argent et de 2 montres. Trois personnes ont été appréhendées à cet égard. La maison de mademoiselle Gazzo, à Québec, fut enfoncée: 5 livres et autres valeurs en furent enlevées. Celle de F.-X. Fournier, cordonnier, le fut également.

Il semble bien que les voleurs ne furent pas tellement impressionnés par les reportages des journaux, car la vague d'invasions se continua en 1836. Informé qu'une bande de malfaiteurs venait de semer la terreur à Québec, le *Journal* prit la peine d'alerter à nouveau la population de la région de Montréal en publiant cet avis, le jeudi 20 octobre 1836, intitulé *Gare aux fripons!* : « Il paraît qu'une bande de vagabonds, au nombre de 25 à 30, tant hommes que femmes, ont laissé Québec pour venir dans ce district exercer leurs déprédations. »

Le *Journal* avait bien évalué le potentiel de cette menace, car, une semaine plus tard, dans son édition du jeudi 27 octobre, on remarquait une importante série de vols dans des résidences, dont ce cas à Montréal :

> Lundi matin, de bonne heure, M. Barbe, de la grande rue du faubourg Saint-Laurent, fut éveillé par l'aboiement de son chien et, s'étant approché de la fenêtre, il aperçut un homme qui essayait de forcer la porte pour s'introduire dans la maison. Aidé d'une autre personne, M. Barbe se précipita dehors pour s'emparer du voleur, mais celui-ci et son complice réussirent à s'échapper.

Devant l'ampleur du phénomène, on crut bon d'indiquer que « plusieurs personnes se sont réunies hier soir dans le faubourg Saint-Laurent pour demander une assemblée des citoyens au palais de justice, demain le 28, à 7 heures du soir, afin d'organiser une société pour protéger les propriétés et prévenir les vols et le brigandage ».

Les Montréalais ne furent d'ailleurs pas les seuls à prendre des mesures pour contrer ce fléau. Dans l'édition du 27 octobre 1836, on publiait aussi cette nouvelle :

> On nous informe que les citoyens de la Pointe-aux-Trembles, Verchères, Varennes et Boucherville ont pris des mesures pour surveiller et s'emparer des malfaiteurs dont ce district commence à être infesté. Nous engageons fortement nos amis de la campagne d'adopter ce plan et de s'emparer de tout individu qui leur paraîtra suspect.

DES VOLS DANS DES COMMERCES

CHEZ UN MARCHAND DE SAINT-CONSTANT

Un homme d'affaires de Saint-Constant eut toute une surprise quand des individus visitèrent son commerce, le 15 juin 1830 :

> Trois personnes sont entrées chez M. Molton, marchand de Saint-Constant, vers 10 heures du soir. Ayant demandé des souliers à acheter et ayant mis huit paires à part, qu'ils devaient prendre au prix convenu, ils ont voulu avoir du tabac. M. Molton les pria de lui payer ses souliers et s'excusa de ce que son tabac étant à la cave, il ne pouvait aller le chercher.

Les voleurs ont là-dessus saisi M. Molton et, sur la menace de l'assommer s'il ne leur vendait pas du tabac, il fut forcé de descendre à la cave. Ayant lancé la trappe sur sa tête, un des voleurs faisait garde pendant que les autres dérobaient divers articles, le tout estimé à 50 piastres. Heureusement que les fripons n'ont pas vu l'argent qui était sous la tablette dans un sac au montant de 90 $. Il paraît que le bruit que faisait M. Molton à la porte de la cave effraya les voleurs et leur fit prendre la fuite. M. Molton a reconnu un des voleurs, mais ayant retardé d'en faire la recherche, ils ont selon les apparences gagné les États-Unis.

TOUTE UNE RAZZIA !

Durant la nuit du 1er juin 1843, une bande de voleurs réalisait une joyeuse tournée dans des commerces de Saint-Michel-de-Yamaska :

Les voleurs, après avoir enfoncé deux boutiques de forgeron, se sont rendus d'abord chez M. Lafleur, marchand du lieu, et ont commencé leur besogne par pratiquer deux trous de tarière dans la porte de la cave. Mais, ayant entendu du bruit dans la maison, causé par un enfant malade, ils ont abandonné leur entreprise.

De là, ils se sont rendus chez M. Édouard Dugré, voisin de M. Lafleur et aussi marchand. Ayant enlevé, au moyen de la barre de fer, une grande grille de fer posée sur un des soupiraux de la cave, ils y sont entrés et se sont introduits dans le magasin, y ont allumé une chandelle, et ont enlevé pour 60 à 80 livres de marchandises. Ensuite, ils ont ouvert la porte du magasin, par laquelle ils sont sortis.

Deux étrangers, soupçonnés d'être les auteurs de ce vol, avaient été vus la veille parcourant les magasins du village et, le soir, vers 10 heures, ces deux étrangers avaient acheté une chandelle chez un aubergiste du lieu. Il est probable que c'est cette chandelle qu'on a trouvée chez M. Dugré, qui a servi à les éclairer dans son magasin.

DEUX EXPERTES À L'ŒUVRE

À Montréal, « deux dames ont été arrêtées hier par notre actif officier de police, M. Jérémie, sur soupçons de vols dans plusieurs magasins », lisait-on, le jeudi 27 avril 1848. Leur méthode était astucieuse : « L'une d'elles, à ce qu'il paraît, possédait à la perfection l'art d'amuser les commis pendant que l'autre s'emparait des marchandises. » Après avoir été conduites au poste de police, des agents « ont trouvé à leur domicile une quantité d'articles appartenant à divers marchands ».

ÇA BRASSE À LA BRASSERIE

Le jeudi 4 avril 1850, on fut informé que « dans la nuit de lundi à mardi dernier, des brigands ont profité des épais ténèbres [brouillard], dont notre ville se couvre chaque soir depuis quelques jours, pour s'introduire dans le bureau de M. Narcisse Pigeon, brasseur ». Cette petite entreprise était située dans « la grande rue du faubourg Saint-Joseph », à Montréal. Les voleurs brisèrent plusieurs vitres et enfoncèrent la porte principale :

> Ces misérables, qui ne devaient pas être moins de trois ou quatre, savaient que le coffre-fort était dans ce bureau. Ils sont parvenus à le descendre dans la cour par une fenêtre d'environ dix pieds de haut en le faisant glisser sur une échelle. Ils l'ont ensuite transporté de là jusque dans une place inhabitée sur la rue Bonaventure, vis-à-vis le dépôt de railroad de Lachine. Là, ils ont brisé le dessus du coffre et ont dû n'y trouver qu'une couple de piastres, M. Pigeon ayant eu soin d'emporter son argent chez lui. Cependant, s'ils n'ont pu se payer de leurs travaux criminels, ils ont fait essuyer une perte considérable au propriétaire du coffre : ils ont enlevé des papiers et des livres de comptes nécessaires à M. Pigeon.

Les vols de coffre-fort étaient fréquents à l'époque. Voici un autre exemple d'un tel vol commis dans un endroit commercial très fréquenté par les Montréalais, qui furent étonnés d'apprendre, le mardi 2 mars 1852, que « durant la nuit de vendredi à samedi dernier, des voleurs se sont introduits dans le bureau du clerc du Marché Bonsecours et, après avoir brisé le coffre-fort, ils en ont retiré vingt et une livres appartenant à la corporation et étant le produit de la recette de la semaine ». La stratégie utilisée était classique en ce domaine : « On suppose qu'ils s'étaient

cachés dans le marché avant l'heure de la fermeture. »
L'édifice du marché Bonsecours ouvrit officiellement ses
portes le 4 janvier 1847 [11].

DES TOURISTES DÉROBÉS

Une autre vague de vols eut lieu en 1853, mais se déroula
cette fois dans des hôtels. La nouvelle fut publiée dans
l'édition du samedi 13 août : « Il paraît que cette manière
de voler est devenue tout à fait à la mode, car nous
apprenons qu'à Québec des vols considérables ont aussi
été faits dans les différents hôtels de la ville. » Cette nouvelle mode sévissait encore en 1855 et un autre cas fut
constaté le mercredi 14 novembre :

> L'hôtel Fréchet, rue de la Montagne, a été avant-
> hier, dans la nuit, le théâtre d'une curieuse et fort
> émouvante scène.
>
> Un tout jeune homme, de 18 à 19 ans, logé depuis
> quelques jours à l'hôtel Fréchet, se disant commis
> de M. Dubois, marchand de farine à Montréal,
> s'était caché sous le lit d'une dame respectable
> hébergée là depuis quelque temps, dans l'espoir
> qu'en pleine nuit, et pendant qu'elle serait profon-
> dément endormie, il pourrait faire main basse sur
> son argent et ses bijoux.
>
> Mais, ce malheureux, qui avait gagné cet incom-
> mode gîte depuis quatre heures de l'après-midi,
> tout en disant qu'il repartait pour Montréal, se
> mit à respirer assez fortement pour interrompre

le sommeil de cette dame qui se lève en sursaut, allume une bougie et découvre étendu sous son lit notre voleur tout honteux de sa déconvenue. Toute la maison s'émeut, la police arrive et le jeune est conduit en lieu sûr.

Tout ce que l'on sait sur son compte, c'est qu'il faisait partie de la fameuse bande des voleurs de Montréal, dont tous les noms se sont trouvés dans sa poche, et qu'il avait en main un billet de cinq piastres volé le jour même à M. Fréchet, en plus d'une chaîne de montre.

ON VOLE CHEZ L'EMPLOYEUR

Un beau cent piastres

Le jeudi 22 décembre 1842, le *Journal* faisait savoir que « la disparition mystérieuse d'une lettre contenant un billet de cent piastres a donné lieu récemment à des perquisitions de la part du Bureau des postes de Québec ». « Après une investigation sévère faite dans le but de découvrir la cause de cet incident dans leurs annales, les autorités de ce département en sont venues à la conclusion que la lettre a été soustraite frauduleusement et qu'un commis est la personne sur qui doivent planer les soupçons. » Sans que son identité ne fût dévoilée, le commis fut finalement arrêté pour subir son procès.

Voler pour parier

Le lundi 16 mars 1846, on prévint que la police de Québec menait des opérations pour arrêter les propriétaires de maisons de jeu illicites. On apprit alors « qu'un nommé Farquhart, propriétaire d'une de ces maisons, a été mis à caution pour comparaître à la prochaine session de la cour supérieure ». Cette enquête policière a aussi permis de savoir comment des clients parieurs se procuraient leur argent :

> Les habitués de son établissement étaient pour la plupart des garçons de comptoir [commis dans des magasins]. On a découvert que plusieurs de ces jeunes gens avaient volé ceux qui les employaient, et notamment un d'entre eux qui prit, en moins de quinze jours, plus de trois piastres pour subvenir à ses petites dépenses de jeu.

À deux mains dans le dessert

La prochaine nouvelle fut publiée le samedi 21 avril 1855. Elle fut très brève : « George Griswold et Modeste Dufresne, conducteurs sur le chemin de fer Saint-Laurent et Champlain, ont été emprisonnés sur accusation d'avoir détourné de l'argent à même les collectes faites sur les passagers. »

Intitulée *Vol audacieux* et rendue publique le jeudi 5 juillet 1855, cette nouvelle annonçait « qu'il y a quelques jours, G. Henderson, domicilié à Québec, rue Saint-Louis, étant sorti avec sa famille, sa maison fut envahie et pillée ». Cette chère famille apprit malheureusement que le loup habitait déjà dans leur bergerie :

> Un nommé Robert Johnson, ci-devant employé comme domestique dans cette maison, fut soupçonné d'avoir commis ce crime et arrêté en conséquence. Après des recherches, on trouva en sa possession une fausse clé, puis un sac à plomb, des capsules à percussion et une médaille reçue par M. Henderson pour services rendus en Inde. Cette médaille fut enlevée en même temps qu'une autre dite de la guerre d'Espagne. Johnston, employé l'automne dernier au service de M. Henderson, vola, paraît-il, une somme de plus de 200 livres à son maître.

DES ENFANTS CRIMINELS

Pierre ira en prison

À Québec, le 18 janvier 1845, le juge Bruneau déclara Pierre Charbonneau, âgé de 14 ans, coupable et rendit sa sentence. Cet adolescent « faisait le métier apparent de demander l'aumône, mais dont le vrai but était la filouterie, sans parents ou abandonné par eux, recevait la charité d'une main et dérobait de l'autre », stipulait le *Journal*, le jeudi 30 janvier 1845. Pour les vols commis, Charbonneau fut condamné « à 3 ans et demi au pénitentiaire ».

LES ANCÊTRES DES GANGS DE RUE ?

Sous le titre *Filouterie*, le *Journal* se disait consterné, le lundi 4 juin 1849, d'observer un comportement inquiétant chez de jeunes Montréalais. Selon « une nouvelle morale, écrivait le journaliste, une bande de filous vient de se former à Montréal ». Avec stupéfaction, il dévoila que « cette bande de filous nouvellement organisée se compose d'enfants dont les plus âgés ont à peine 12 ans ». Il ajouta que « plusieurs vols ayant été commis depuis quelque temps, notre actif sous-chef de police, M. Jérémie, a enfin arrêté plusieurs de ces jeunes ».

Malgré une vigilance policière accrue, la fréquence des actes criminels commis par des adolescents ne cessa d'augmenter. Sur un ton très sarcastique, le lundi 3 septembre 1849, le *Journal* commentait cette troublante situation :

> La jeunesse de Montréal fait de grands progrès depuis qu'on lui enseigne *les principes de morale*, ceux de ne reconnaître *aucune autorité*. Aussi s'arroge-t-elle le droit de tout conduire, de tout gouverner et d'imposer aux honnêtes gens *sa propre autorité* qui est de jeter l'épouvante partout, d'incendier et de voler. Jamais les mœurs n'avaient

été aussi dépravées dans notre ville que depuis quelque temps, depuis que certains journaux prônent ouvertement la désobéissance et la haine du gouvernement. Nous avons déjà signalé les voies et les rapines de plusieurs bandes d'enfants régulièrement organisées en compagnie de brigands. Encore l'autre soir, deux personnes qui se trouvaient au coin de la ruelle des Fortifications en aperçurent quatre qui fuyaient avec quelques objets qu'ils cherchaient à cacher. Poursuivis de près, l'un d'eux, du nom de Timothy Cassy, âgé d'environ 13 ans, fut arrêté.

LES PÉTARDS PÈTENT

Alerté par un citoyen de Montréal, le *Journal* demanda aux autorités policières, le samedi 12 juillet 1851, d'aller régler un problème causé par de jeunes artificiers dans un quartier donné :

> On nous informe que les gamins du faubourg Saint-Joseph font un usage immodéré de pétards depuis quelque temps. Les citoyens de la localité s'en plaignent, mais ils devraient d'abord s'adresser au chef de police pour y trouver remède. Le bruit de ces petites fusées est très désagréable et l'effet en est parfois dangereux. La personne qui nous informe de cela nous dit qu'un jeune enfant a eu la figure brûlée par un de ces pétards qu'on avait lancés sur lui. D'autres en avaient jeté dans une chambre par une fenêtre et le feu commençait à prendre dans du linge quand on y est entré.

Le mardi 14 octobre 1851, on fut touché d'apprendre qu'un enfant dut comparaître au tribunal pour faire face à la justice :

> Clark Henry Burr, un tout jeune enfant, est accusé de larcin et s'avoue coupable. Avant de prononcer la sentence, M. le juge McCord lui adresse quelques questions sur ses parents. L'enfant déclare qu'il s'est sauvé de chez sa mère qui réside à Burlington [États-Unis], et qu'il appartient à une famille respectable.
>
> M. McGinn, le geôlier [de la prison], s'adresse à la cour et offre de renvoyer l'enfant à sa mère à ses propres frais. Au même moment, entrent dans la cour deux étrangers, un homme et sa femme. Celui-ci se précipite vers la barre et reconnaît l'enfant pour être son neveu, le fils de sa sœur. Le juge condamne le jeune délinquant à une heure de prison et il est ensuite remis sous la garde de ses parents.

DES GENS D'AFFAIRES TÉMÉRAIRES

DES COMPÉTITEURS DANGEREUX

Jusqu'en août 1845, les propriétaires du bateau le *Montréal* étaient les seuls à offrir, sur le fleuve Saint-Laurent, un service de transport de passagers entre

Montréal et Québec. Avec la venue de compétiteurs, les propriétaires du bateau le *Québec*, un journaliste se mit alors à dénoncer le comportement des deux entreprises, qui se livraient désormais à une impitoyable guerre commerciale.

Les uns voulant sans cesse démontrer aux autres et à la clientèle leur supériorité, les deux navires quittaient ensemble le port de Montréal pour s'adonner à une course de vitesse en se rendant à Québec et en revenant à Montréal. « Il est donc à espérer que les propriétaires de ces deux lignes s'en tiendront à ces épreuves et qu'ils n'exposeront plus les passagers à des dangers presque certains en forçant ainsi les chaudières et les mouvements de ces deux steamboats », souhaitait-on, le jeudi 21 août 1845. Cette dénonciation fut vaine, car le lundi 1er septembre suivant, on constatait encore « l'obstination des propriétaires » :

> On ne s'arrêtera sans doute que lorsqu'un grand sinistre aura couronné cet acte d'opiniâtreté. On nous dit que mercredi dernier, à leur départ de Québec, le *Montréal*, ayant le devant, voulut gagner terre et alla imprudemment se lancer sur l'avant du *Québec*, et sans l'activité et la présence d'esprit du pilote de ce dernier, qui fit tout de suite arrêter le mouvement, il serait infailliblement passé à travers le *Montréal*, et Dieu sait quelles en auraient été les suites.

Dès le lancement du *Québec*, le capitaine du *Montréal* avait déclaré la guerre et « il la poursuit avec un acharnement sans exemple » :

Si le *Québec* change ses heures de départ, le *Montréal* en fait autant. Si l'un arrête, l'autre arrête. Si l'un part, l'autre suit. Il ne fait plus que le suivre, car il est maintenant bien établi que le *Québec* a l'avantage sur le *Montréal*. Ces deux vaisseaux ont laissé notre port hier soir vers 7 h 30. Le *Québec*, qui était en avant, s'est mis le premier en mouvement. Le *Montréal* qui avait sa vapeur haute depuis longtemps le suivit immédiatement, et avant qu'on les eût perdus de vue, il fut facile de s'apercevoir que le premier gagnait sur l'autre. Les passagers arrivés ce matin rapportent que lorsque les deux steamboats furent rencontrés vers le port Saint-François, le *Québec* avait gagné une lieue sur le *Montréal*. La force comparative de ces deux steamboats est donc maintenant bien établie, la supériorité du *Québec* est incontestable.

ÉLIMINER LE CONCURRENT

Le jeudi 11 mai 1848, un journaliste émit l'hypothèse que l'incendie venant de détruire les hangars où étaient remisés les omnibus du docteur Cyrus serait d'origine criminelle. Les auteurs seraient des charretiers, les ancêtres des chauffeurs de taxi. Les omnibus, un genre d'autobus urbain mu par un moteur à vapeur, avaient été mis en service à Montréal par M. Cyrus.

Voyons d'abord les faits relatifs à cet incendie :

Hier matin, un peu après minuit, le feu fut aperçu dans de vastes écuries occupées comme dépôt par les propriétaires des omnibus de la cité, situées à l'entrée de la rue Bonaventure, en arrière de l'église Saint-Georges. Toutes ces bâtisses, qui étaient en bois, ont été rapidement consumées, ainsi que dix chevaux et des omnibus qui ont péri dans les flammes. De là, le feu se communiqua à une jolie maison en bois à deux étages, au coin de la ruelle Saint-Michel, occupée par M. Jones qui fut entièrement consumée avec la plus grande partie du mobilier. Une petite maison appartenant à Mme Aussem a eu le même sort. L'église Saint-Georges a aussi reçu des dommages considérables.

« Ce qu'il y a de plus pénible à ajouter, c'est qu'il existe maintenant dans notre société des êtres assez pervers pour se porter de sang-froid à un acte aussi coupable que celui d'incendier une propriété », lança le journaliste. Et ce dernier ajouta que « depuis l'apparition des omnibus dans nos rues qui transportent les voyageurs d'une extrémité à l'autre de la ville par les deux rues principales, pour la modique somme de six sous, il s'est manifesté, dit-on, parmi les charretiers, un sentiment de jalousie bien prononcé ». Concluant sur ce crime, il affirma « qu'il n'existe pas de doute que la conflagration d'hier matin est l'acte d'un incendiaire ». Pour leur part, les propriétaires des omnibus publièrent une annonce dans le *Journal* pour offrir « une récompense de 500 $ à quiconque donnerait des informations suffisantes pour l'arrestation des coupables ».

L'annonce du lancement de cette entreprise avait été publiée quatre ans auparavant, soit le jeudi 18 avril 1844. Intitulée *Nouvelle entreprise*, cette nouvelle rapportait « que le docteur Cyrus se propose de mettre tout prochainement en activité une voiture mue par la vapeur, sur le chemin de Lachine, et qui fera le trajet de cette place à Montréal en 20 ou 25 minutes » et « que 40 personnes pourront prendre place dans cet omnibus, qui roulera sur le chemin tel qu'il est maintenant, sans qu'il soit nécessaire d'y placer préalablement un rail comme pour les rail-roads ordinaires ». Si l'affaire s'avérait un succès, ce promoteur « se propose de faire construire deux autres voitures, l'une qui voyagera régulièrement entre Montréal et le bout de l'île, et l'autre de Longueuil à Chambly ». M. Cyrus planifiait également « de faire confectionner une voiture à vapeur qui voyagera entre Montréal et Québec en hiver, c'est-à-dire sur la neige » et « la gente chevaline deviendra à peu près inutile, du moins pour les voyages, car toutes les distances seront franchies par le moyen de la vapeur ». L'homme d'affaires confirma avoir trouvé son idée d'entreprise en Europe, indiquant que « des omnibus semblables circulent maintenant dans les rues de Londres et de Paris sans accident ».

Cette compagnie avait le vent dans les voiles à Montréal. En effet, six jours avant la destruction des véhicules dans l'incendie, le *Journal* confirmait « qu'une ligne passe par la rue Saint-Paul et l'autre par les rues Saint-Jacques et Notre-Dame », tout en mentionnant que « les voitures sont de bon goût et le prix n'est que de six sous ».

Le beurre et l'argent du beurre

« Il paraît que les vendeurs de beurre ne se contentent pas de nous vendre cet article à un prix exorbitant, mais ils augmentent encore leur gain en retranchant sur le poids », s'insurgea-t-on, le lundi 12 mai 1845. La découverte de cette pratique commerciale frauduleuse à Montréal « a forcé notre actif clerc du marché neuf à faire des exemples et, vendredi dernier, il en a confisqué environ 200 livres, ou plutôt 200 pains [de beurre], car il manquait près d'un quarteron sur plusieurs de ces pains qu'on nous vendait pour une livre ! ». Ironisant sur ce crime, le journaliste se permit ce commentaire :

> Il paraît que ceux qui vendent le beurre ressemblent tant soit peu à ceux qui rendent la justice : ils ont deux poids deux mesures. Quoi qu'il en soit, si dans cette occasion nos marchands ont perdu, nos institutions de bienfaisance y ont gagné, car cette excellente cuvée leur a été distribuée immédiatement. L'asile de la Providence, l'asile du Bon Pasteur et l'asile des Orphelins ont eu leur part.

Une femme d'affaires trop matinale

Le jeudi 3 juillet 1845, une très brève manchette informait le public qu'une femme de Montréal venait d'être mise à l'amende pour ne pas avoir respecté la loi sur les heures d'ouverture : « Louise Nault, revendeuse, a été condamnée à 5 livres d'amende par le magistrat de police pour avoir acheté du poisson pour le revendre avant l'heure fixée par la loi, c'est-à-dire 10 heures du matin. »

DES BOULANGERS DANS LE PÉTRIN

Tout en pourfendant les fraudeurs dans la vente de certains produits alimentaires, le lundi 9 février 1846, le *Journal* invitait les autorités à être encore plus vigilantes au sujet du comportement des boulangers montréalais :

> M. Bourdon, notre actif clerc du marché neuf, est toujours à l'œuvre. Il a encore saisi, la semaine dernière, quelques paniers de beurre qui n'étaient pas de poids et plusieurs sacs de patates qui avaient été mesurés un peu trop négligemment. Si la police faisait une descente chez quelques-uns de nos boulangers, il n'y a pas de doute qu'elle ne trouvât moyen d'expédier encore quelques centaines de pains à nos institutions de charité.

> Les confiscations sur les marchés ont bien leur avantage en faveur des personnes qui reçoivent les objets saisis ; elles servent aussi de leçon à ceux qui sont assez malhonnêtes pour retrancher sur le poids et la mesure des objets qu'ils offrent en vente au marché. Espérons pourtant que les nombreux exemples, qui se sont répétés si fréquemment, porteront leur fruit et que nos cultivateurs, qui fréquentent nos marchés, reviendront à des principes plus honnêtes.

Il semble bien que les autorités policières aient pris au sérieux le message du *Journal*, car on annonça, le lundi 2 juillet 1849, que des arrestations venaient d'avoir lieu :

> M. Louis Malo, qui remplit les devoirs de chef de police depuis la maladie de M. Jérémie, a fait la semaine dernière une descente chez plusieurs boulangers, du faubourg Québec et Saint-Laurent, où il a saisi une quantité de pains qui n'avaient pas le poids voulu par la loi. Avis aux boulangers malhonnêtes ! Les journaux se sont toujours abstenus de publier les noms de ceux qui étaient ainsi pris en flagrant délit, mais cette délicatesse est mal placée. Les coquins devraient toujours être connus, surtout ceux de ce genre. Cette rapine pèse surtout sur les pauvres qui payent pour six livres de pain tandis qu'ils n'en reçoivent que cinq à cinq et demie.

En 1850, une importante saisie de pains eut lieu chez plusieurs boulangers de Montréal et le *Journal* mit sa menace à exécution en publiant les noms des boulangers ainsi que le nombre de pains saisis :

M. Bourbonnière : 46

Alex Bowie : 24

François Saint-Germain : 20

John Wilock : 19

George Brown : 14

M. Souligny : 9

John Tomkins : 9

Robert Watson : 8

John Webster : 6

John Robb : 6

Louis Cypiot : 6

Denis Leduc : 4

DES DIMANCHES BIEN ARROSÉS

Le samedi 26 juin 1852, une scandaleuse affaire éclata au grand jour : des propriétaires de débits de boissons alcoolisées faisaient des affaires d'or durant le jour du Seigneur ! Non, nos ancêtres n'étaient pas tous en train de prier en famille à la messe du dimanche… Voici les détails concernant cette enquête policière :

> Plusieurs personnes ont été mises à l'amende dernièrement pour avoir violé la loi réglant l'octroi des licences d'auberges. Un aubergiste de Beauport, entre autres, a payé une amende de 20 piastres pour avoir vendu de la boisson forte le dimanche à des gens de la paroisse. Deux détaillants de boissons de Saint-Roch de Québec, après un procès chaudement contesté, ont pareillement été condamnés chacun à une amende. Des marchands de boissons dans les *townships* et dans les environs de Québec ont eu le même sort. Il est permis de croire que les mesures qui seront prises en conséquence des résolutions de la corporation relativement aux aubergistes supprimeront en grande partie ces maisons où il se fait clandestinement un grand débit de liqueurs spiritueuses

[…]. On sait que maintenant non seulement le vendeur, mais encore l'acheteur de boissons spiritueuses dans une auberge, ou un magasin non licencié, est sujet à une forte amende. Gare à qui *boira* après cela !

ON SE PROVOQUE EN DUEL

Vous serez probablement étonné d'apprendre que l'affrontement en duel fut un moyen utilisé par quelques-uns de nos ancêtres du XIXe siècle pour régler un différend. Voyons-en quelques cas.

Le jeudi 22 novembre 1827, on informait les lecteurs « qu'une affaire d'honneur a eu lieu à Québec la semaine dernière entre M. James Bell et M. Bouchette, dans laquelle une balle lancée par M. Bell effleura le menton de son adversaire ». La dispute ayant engendré ce duel avait commencé à bord du bateau *Chambly* qui ramenait les deux belligérants à Québec [12].

L'un d'eux, Robert-Shore-Milnes Bouchette, appartenait à une famille très connue à l'époque, et son père, Joseph Bouchette, était l'arpenteur général du Bas-Canada. Né à Québec le 12 mars 1805, l'avocat Robert-Shore-Milnes Bouchette participa à la rébellion des Patriotes et fut condamné à l'exil aux Bermudes, le 28 juin 1838. Revenu au pays en 1845, il travailla dans la fonction publique et décéda à Québec le 4 juin 1879 [13].

En 1836, à Montréal, deux personnalités s'affrontèrent dans un duel, qui eut lieu derrière le mont Royal. Ces deux personnages étaient nuls autres que l'éditeur du journal *La Minerve*, Ludger Duvernay, et le député de Richelieu, Clément-Charles Sabrevois de Bleury. Considérant avoir été insulté publiquement par un article de *La Minerve* lui reprochant d'avoir quitté le Parti patriote, Sabrevois de Bleury invita Duvernay à régler cet outrage avec des pistolets. Le récit de la confrontation fut publié le 7 avril 1836 :

> Mardi dernier après-midi, vers les cinq heures, une rencontre a eu lieu derrière la montagne, entre C. C. S. de Bleury, avocat, l'un des représentants du comté de Richelieu, et M. Ludger Duvernay, propriétaire de *La Minerve*.
>
> Le premier était accompagné de John McDonell et le second par E. E. Rodier, membre pour le comté de L'Assomption. Sitôt que les parties eurent atteint le lieu fixé, la distance de douze pas fut mesurée et bientôt commença l'action. La première balle de M. de Bleury frappa son adversaire dans son surtout [manteau] et jeta son mouchoir par terre. Les seconde, troisième et quatrième balles furent échangées sans effet. La cinquième balle de M. de Bleury frappa M. Duvernay dans les parties charnues de la cuisse. La blessure est légère. Les parties ont laissé le terrain sans explication.

En 1837, le mont Royal fut de nouveau le théâtre d'un duel entre deux personnalités, cette fois toutes deux issues du monde juridique. La nouvelle fut publiée le jeudi 10 août :

> Lundi dernier, vers 8 heures du soir, une rencontre a eu lieu derrière la montagne, entre M. James Scott et W. C. Meredith, tous deux avocats, à la suite d'une difficulté survenue entre eux sur la taxe d'un mémoire de frais. Au premier feu, M. Scott reçut la balle dans le haut de la cuisse, elle est logée dans la partie spongieuse de l'os, d'où il a été impossible de l'extraire. Nous sommes heureux cependant d'apprendre que la vie de M. Scott n'est pas en danger.

Précisons que le duel n'était pas un phénomène nouveau au XIXe siècle. Inconnue à l'époque de l'Antiquité, cette façon de régler des comptes entre deux individus prit naissance dans la culture des Germains, trois siècles avant Jésus-Christ. Les deux adversaires se rendaient dans un champ pour se battre devant une foule. Pour inviter un opposant à l'affrontement, on jetait un gant au sol. Pour signifier qu'il acceptait le défi, l'adversaire ramassait alors le gant. Au cours des siècles, le recours au duel se répandit en Europe[14].

En Amérique, dès la naissance des États-Unis et du Canada, des cas de duel furent signalés. Chez nous, à l'époque de la Nouvelle-France, les deux premiers duels furent rapportés dans les *Relations des Jésuites*, en mai 1646.

DE FAUX MONNAYEURS

DES PRISONNIERS AFFAIRÉS

Le lundi 18 février 1828, les lecteurs du *Journal* apprirent
que deux individus venaient de trouver un divertis-
sement leur permettant de rentabiliser au maximum le
temps passé en détention :

> Bazile Demers et J. B. Verdon, confinés dans la
> prison, se sont occupés dernièrement à contre-
> faire des écus américains qu'ils ont fait passer en
> paiement pour les effets que leur vendaient les
> habitants qui visitent les prisonniers. Le geôlier a
> en sa possession le moule dont ils se servaient, qui
> est très bien fait. Ils avaient une douzaine de ces
> pièces de monnaie contrefaite dont il s'est aussi
> emparé.

ATTENTION AUX FAUX BILLETS

« Il circule depuis quelques jours des faux billets de
5 piastres de la Banque de Montréal, et le public fera
bien de se tenir sur ses gardes », avertissait-on, le jeudi
7 novembre 1833. Le journaliste donna des conseils
permettant de reconnaître ces faux billets :

> Il paraît qu'on a, au moyen d'un procédé chimi-
> que, changé des billets d'une piastre en billets de
> 5 piastres. Nous en avons vu un entre les mains
> de M. MacLean de la maison de Playfair, MacLean

& Cie. Avec un peu d'attention, on voit qu'aux endroits où sont les mots et les chiffres changés, le papier est un peu plus blanc et luisant et a été fortement pressé entre deux fers.

En 1854, la Banque de Montréal fut de nouveau victime d'un faussaire. Le jeudi 19 janvier, on prévenait « qu'un individu du nom de Jonathan Adams, du comté de Missisquoi, a été conduit dans la prison de cette ville, hier, sur warrant [mandat d'arrestation] de Levy Stevens, juge de paix du même comté, sous accusation d'avoir contrefait des billets de la Banque de Montréal ». Cet individu était un maître en la matière. D'ailleurs, le journaliste précisa « qu'on assure que les faux billets saisis chez J. Adams font preuve de la grande aptitude de ce dernier comme graveur ».

Un réseau démantelé

Le jeudi 16 novembre 1843, le public fut informé que « d'après les rapports qui nous sont parvenus hier, il paraît qu'une bande considérable de faux monnayeurs s'était établie dans le *township* de Farnham ». Selon les enquêteurs, « une boutique avait été érigée au milieu des bois, munie de tous les instruments nécessaires et là, espérant être à l'abri de toutes recherches et de toutes poursuites, ils travaillaient dans la plus grande sécurité ». Le journaliste dévoila comment ces fraudeurs avaient tenté de mettre en circulation ces faux billets :

> Mais ce n'était pas tout que de fabriquer des piastres, il fallait les mettre en circulation, et c'était

là la partie la plus difficile et la plus dangereuse. Le grand nombre de piastres fausses qui circulaient depuis quelque temps à Saint-Hyacinthe donna l'éveil, et ceux qui en faisaient passer furent surveillés. On parvint à se saisir de deux ou trois individus qui s'étaient présentés dans des magasins pour demander de la petite monnaie pour ces piastres fausses. Ils furent arrêtés et découvrirent à l'autorité l'endroit où la *manufacture* avait été établie.

Samedi dernier, une prise de corps [mandat d'arrestation] a été lancée par L. A. Dessaules, de Saint-Hyacinthe, contre quatorze de ces faux monnayeurs, dont on s'était assuré des noms et remis entre les mains de M. Siméon Marchessault [...]. Ils trouvèrent dans l'atelier tous les outils nécessaires à leurs opérations et une certaine quantité de piastres contrefaites. Le tout a été apporté à Montréal hier [...]. Il paraît certain que la boutique des faux monnayeurs qu'on vient de détruire n'était pas la seule dans les *townships* de l'Est [Estrie]. On a parlé de deux autres où on frappe surtout des écus américains et des pièces anglaises d'un schelling qui passent ici pour trente sous.

Cinq ans plus tard, soit le jeudi 11 mai 1848, une autre arrestation eut lieu dans la région des Cantons-de-l'Est alors qu'« on a arrêté sept contrefacteurs d'argent à Barnston, près de Sherbrooke » et « on a trouvé dans leur boutique 20 000 $ de billets contrefaits ». Une joyeuse fortune à l'époque.

En plus de nos faussaires bien québécois, nos ancêtres furent aussi victimes d'étrangers. Le mardi 22 juillet 1851, on venait d'apprendre « qu'on a arrêté en cette ville [Montréal], vendredi dernier, un homme du nom de Jabotte, accusé d'avoir fait passer de faux billets de banque ». Ce Jabotte, qui « vivait depuis quelque temps aux États-Unis, était venu la veille à Saint-Édouard pour y faire l'achat de chevaux ». Voici les détails sur cette affaire :

> Il s'adressa à M. Hébert dont il acheta un cheval pour la somme de 73 $. Il lui offrit de lui donner une piastre d'escompte s'il voulait recevoir des billets de banque américaine. M. Hébert accepta son offre, après quelques hésitations. Mais, il vint immédiatement à Montréal pour y faire changer son argent. Il apprit aussitôt que les billets qu'il avait reçus ne valaient rien. Il alla faire connaître sa transaction à la police. Celle-ci se mit à la recherche de Jabotte. L'individu avait déjà eu le temps de se défaire de son cheval qu'il avait vendu pour une somme de 50 $ à un charretier de cette ville, et on l'arrêta au moment où il se rembarquait sur le steamboat de La Prairie. On trouva dans ses poches un bon nombre d'autres billets de banque formant en tout une somme de 415 $. Tous ces billets étaient forgés [faux].

DES MILITAIRES INDISCIPLINÉS

Du grabuge à Québec

Le lundi 3 juin 1833, le comportement de soldats fut dénoncé : « Il paraît donc qu'hier soir un soldat du 32ᵉ a eu querelle avec un journalier, Irlandais d'origine, à ce que nous apprenons. » Selon des témoins, « l'Irlandais, n'étant pas disposé à se battre, essaya de se retirer, mais le soldat le poursuivait, voulant absolument se mesurer avec lui ». L'événement se déroulant sur le quai de la Reine, « le monde se rassembla sur la place et d'autres soldats, amis du premier, tirèrent leur baïonnette pour faire ranger le monde ». La provocation des militaires tourna au drame :

> Cette conduite des soldats aurait tellement exaspéré les citoyens que ceux-ci se seraient armés de bâtons, de pelles, de pierres et il s'en est suivi un combat général entre les soldats et les citoyens. Le résultat a été que plusieurs personnes ont reçu des coups sérieux et qu'un des soldats entre autres a été rapporté comme mort. Nous tenons d'une personne que si les soldats n'eussent pas tiré leur baïonnette, cette querelle n'aurait pas pris une tournure aussi sérieuse.

Déplorant « les rixes fréquentes entre les soldats et les citoyens depuis quelque temps » et recommandant « d'empêcher les soldats de parcourir la ville avec des armes meurtrières », le journaliste se demanda « si on a lieu de craindre en ce pays les suites les plus graves de cet usage barbare et qui est presque une honte pour une société civilisée ». Afin d'appuyer ses propos, il cita cet autre exemple survenu le samedi 1ᵉʳ juin 1833 :

> Avant-hier soir, il est survenu sur le quai de McCullum une scène déplorable qui a presque coûté la vie de plusieurs personnes, occasionnée par cette peste commune de la société, l'ivrognerie.
>
> Quatre jeunes Irlandais de la compagnie du 32ᵉ régiment s'étaient rencontrés avec quelques-uns de leurs compatriotes, qui venaient d'arriver, et avaient bu largement. En allant sur le quai, ils s'amusèrent à jouer entre eux et à la fin ils se querellèrent avec des charretiers et journaliers qui se trouvaient là et en vinrent aux coups. Voyant augmenter le nombre de leurs adversaires, ils tirèrent leur baïonnette, mais ils furent assaillis par plus de cent individus avec de gros morceaux de charbon et autres choses, et furent terrassés, et deux d'entre eux emportés presque sans vie. L'état d'ivresse de ces individus pourra les excuser, mais nous sommes d'opinion qu'on ne devrait point permettre aux soldats d'aller dans la Basse-Ville, place où débarquent tant d'étrangers, et surtout leur laisser porter leur baïonnette.

En dépit des dénonciations faites par les journaux, ce genre d'abus se répétait régulièrement. À Montréal, le jeudi 2 mai 1833, on signalait « qu'un soldat ivre a été vu près des casernes, ayant sa baïonnette à la main, et en menaçant deux autres soldats et un sergent qui voulaient mettre de l'ordre ». De plus, « on a vu aussi en plein jour, dans la rue Notre-Dame, un autre soldat ivre pour¿suivre à l'arme blanche de jeunes enfants ». De nouveau à Québec, on fut témoin d'un autre incident violent, le jeudi 6 octobre 1834 :

> Un désordre grave a eu lieu avant-hier, la nuit, dans une maison de mauvaise réputation du faubourg Saint-Jean, durant lequel un Canadien a reçu un coup de baïonnette d'un soldat du 79e, et un autre soldat du même régiment a reçu à la gorge un coup de hache qui, dit-on, pourrait être fatal.

DÉJOUER LES DOUANIERS

Intitulée *Prendre congé dans un coffre* et publiée le jeudi 14 septembre 1843, une nouvelle dévoila à la population qu'un soldat de la garnison de Saint-Jean-sur-Richelieu venait de réussir l'exploit de traverser la frontière entre le Canada et les États-Unis en utilisant un moyen plutôt inusité :

> Au commencement de la semaine dernière, à l'heure où le steamboat allait partir de Saint-Jean pour Whitehall [États-Unis], un grand coffre, paraissant appartenir à des émigrés, fut apporté sur le quai et fut mis à bord avec le reste du bagage. Sitôt que le steamboat a passé la ligne 45e [délimitant la frontière], l'officier de douane américaine commence sa visite. Le propriétaire du grand coffre s'empresse de présenter la clé au

douanier qui l'ouvre aussitôt. Et au lieu d'avoir à examiner du linge, du pain, du fromage ou autres provisions de voyage, il y trouve... un soldat du 85ᵉ régiment de Sa Majesté Britannique, avec tout son uniforme! L'officier de douane recula de surprise, et après s'être assuré qu'un soldat anglais qui passait la ligne dans un coffre n'était pas de la contrebande, il le laissa maître de ses volontés. L'auteur de cette supercherie est un émigré irlandais qui, en passant à Saint-Jean, y trouva son frère engagé au service anglais, qui lui procura son congé en lui prêtant son coffre.

En 1855, un autre militaire eut recours à un moyen plus audacieux pour tromper la vigilance des douaniers américains: il se déguisa en femme pour cacher sa véritable identité! Cette désopilante affaire défraya la manchette le samedi 17 novembre:

Il y a quelques jours, le convoi [train] de Montréal arrive à la première station, en deçà de la frontière canadienne. Entre autres passagers, il en descend une femme de taille colossale et affublée d'un costume qui rappelait à s'y méprendre la Meg Merristies de Walter Scott. À sa vue, le rire et les quolibets éclataient de toutes parts dans la foule. Mais, la singulière voyageuse, sans s'émouvoir aucunement, se contente de demander à l'un des badauds qui se pressent autour d'elle si elle est bien aux États-Unis. Sur la réponse affirmative qui lui est faite, elle commence tranquillement à se déshabiller, en demandant pardon à l'assistance de ce que le procédé pouvait avoir de sans gêne et d'inusité. Nous laissons à penser si on la regardait d'un œil stupéfait. L'explication de l'énigme ne s'est toutefois pas fait attendre : à mesure que tombait la défroque féminine, apparaissait un grand gaillard très peu féminin, vêtu d'un uniforme anglais. C'était un déserteur qui avait pris ce travestissement bizarre pour échapper au service de Sa très gracieuse Majesté.

Dans ce reportage, le journaliste faisait sûrement référence à un personnage d'une œuvre de Walter Scott, un écrivain britannique, né en 1771 et décédé en 1832.

Les déboires du capitaine

Le jeudi 6 février 1851, un journaliste venait de découvrir « qu'à une cour martiale générale, réunion tenue à Saint-Césaire, le neuvième jour de décembre 1850 […] ·le capitaine Charles Tétro fut appelé à répondre aux accusations portées contre lui ». Voici en quoi consistaient ces accusations :

> Pour s'être conduit d'une manière dégradante et scandaleuse, indigne de celle d'un gentilhomme et d'un officier attaché aux forces de milices de Sa Majesté, ayant, samedi, le deuxième jour du mois de novembre dernier, comparu devant une cour martiale […] dans un état d'ivresse le rendant hors d'état de conduire plusieurs poursuites qu'il avait devant ladite cour contre des miliciens de sa compagnie.

Après avoir entendu les témoignages de toutes les personnes concernées par cette affaire, le capitaine Charles Tétro fut déclaré coupable et on ordonna « qu'il soit renvoyé du service de la milice de cette province ».

LA PROSTITUTION

Contrairement à tous les autres types de crimes, qui faisaient l'objet de reportages relativement longs et détaillés lorsqu'ils se produisaient, le *Journal* demeurait avare de commentaires sur les cas de prostitution.

Pourtant, ce phénomène était omniprésent. Par exemple, en prenant connaissance du rapport sur tous les crimes commis durant l'année 1853 publié dans le *Journal* le mardi 7 mars 1854 par le chef de police de Montréal, C.O. Ermatinger, on se dit que les prostituées devaient certainement faire fortune. Alors qu'il n'y eut qu'une arrestation pour meurtre et 149 pour vol, on déclara… 645 arrestations pour prostitution !

L'information sur le plus vieux métier du monde était uniquement dévoilée dans la section du journal consacrée au suivi des procès criminels. Chaque compte-rendu était très bref. En voici deux exemples.

Le lundi 26 septembre 1836, Agathe Roccage, Mary Lone et Mary Brady subirent leur procès « pour avoir tenu une maison de débauche », sans plus de détails. L'autre expression utilisée à l'époque pour une maison de débauche était « une maison déréglée ».

Le samedi 14 avril 1855, Aglaé Sauvageau et Delina Blanchard, « sur accusation de tenir une maison de débauche, s'avouèrent coupables et sont condamnées à un emprisonnement de 15 jours dans la maison de correction et aux travaux forcés ».

UNE LOCATAIRE ROSSÉE PAR UN PROXÉNÈTE

À Montréal, une dénommée Coency fut victime d'un salaud enragé et constata, le lundi 1er juin 1829, qu'on parlait de sa mésaventure dans le *Journal* :

> Mercredi dernier, le nommé James Lang, fameux vagabond bien connu par plusieurs affaires qu'il a eues à la cour criminelle, a été écroué dans la prison de cette ville pour avoir cruellement battu et blessé une jeune femme respectable du nom de Coency.

> Il paraît que cette jeune femme était logée dans le haut d'une maison dont le bas est occupé comme lieu de débauche, sous la protection de ce Lang. La jeune femme ayant voulu fermer la porte qui communiquait à la dernière place, ce scélérat l'assaillit et la terrassa à coups de pied dans l'estomac et comme elle se sauva dans le haut de la maison, il courut après elle et la précipita violemment en bas de l'escalier, en conséquence de quoi elle a eu la jambe cassée. On a désespéré d'abord pour sa vie, mais on dit à présent qu'elle se rétablit.

LA PRISON ET LA PEINE DE MORT

DES ÉVADÉS

Le lundi 6 octobre 1828, la population fut ameutée, car trois individus venaient de réussir leur évasion de la prison de Trois-Rivières. On donna des détails sur leur identité :

> Tobias Burke, ancien malfaiteur. Lorsqu'il a brisé la prison, il avait de vieilles culottes gris foncé, une chemise de flanelle rouge et des souliers de chevreuil.

> Baptiste Dubé. Il avait sur lui des culottes et un gilet très vieux, gris foncé, un vieux chapeau de laine, mais pas de bas ni de souliers.

> Jacques Beaudoin. Il avait un surtout noir, une paire de culottes de toile et un bonnet écossais. Il a de la difficulté à parler et une taie sur un œil. Nous sommes autorisés à dire qu'il sera donné une récompense de 5 livres pour l'appréhension d'aucun et de chacun d'eux, s'ils se trouvent dans cette ville ou ce district, à tout constable, officier de paix ou toute autre personne qui les livrera en lieu de sûreté.

« Une tentative infâme de meurtre a eu lieu vendredi soir dans l'une des cellules de notre prison, par trois prisonniers condamnés au dernier terme criminel, sur la personne d'un nommé Archibald Moore et sur celle de son fils John, âgé de 15 ans, qui avaient été écroués ce jour-là sur accusation d'homicide », réprouvait un journaliste, le mercredi 31 octobre 1832. Il reconstitua les faits :

> Vers minuit, le geôlier fut alarmé par les cris des deux Moore et, s'étant rendu à la cellule, les trouva l'un et l'autre sous les prisonniers qui avaient essayé de les étrangler, avaient détruit leurs hardes et avaient fait au vieillard nombre de graves et violentes blessures. Le but de cet assaut était de voler à Moore deux [mot illisible dans le document d'archives] et une vieille paire de chaussures. Les trois malfaiteurs ont été aussitôt mis aux fers.

Une affaire similaire se répéta, le mardi 2 mars 1852, quand « un meurtre horrible a eu lieu mercredi dernier dans la prison de Trois-Rivières » :

> Un nommé Thérien était détenu dans cette prison depuis le mois d'octobre, sous conviction d'avoir attenté à la vie de sa femme. Le vendredi précédent, deux autres individus du nom de Pépin et Beaudoin, pour n'avoir pas payé une amende, furent aussi envoyés en prison. Ils demandèrent eux-mêmes de loger avec Thérien. Beaudoin avait

eu la permission de faire des manches de hache, et pour cela on lui avait prêté une hache et quelques autres outils.

Pendant que les deux autres entraient du bois de chauffage, mercredi soir, Thérien cacha la hache sous son lit [...]. Quand tout fut fermé et tranquille, Thérien se saisit de la hache et l'enfonça au-dessous de l'épaule de Pépin, en arrière. Il frappa ensuite Beaudoin, mais moins grièvement au bras. Celui-ci parvint à se saisir de la hache pour la remettre à un des gardiens qui arrivait à son secours. Pépin est mort quelques minutes après et on espère que Beaudoin survivra.

Une pendaison ratée

« Vendredi matin, la terrible sentence de la loi a été mise à effet contre Pierre Tétreau alias Ducharme, qui a été convaincu de vol avec effraction ». « L'exécution a eu lieu comme de coutume sur l'échafaud, au-devant de la prison », faisait part le *Journal*, le lundi 27 octobre 1828. À cette époque, la coutume était d'inviter le public à assister à ce lugubre spectacle :

Quelques minutes après dix heures, le criminel parut sur le balcon au-dessous de la potence fatale. Nous sommes informés qu'il était parfaitement résigné à son sort [...]. La foule était très considérable, composée en grande partie de femmes et d'enfants. Nous regrettons d'apprendre que par quelque manque d'attention ou d'expérience de la part de l'exécuteur, la corde avait été mal placée, et que les agonies de la mort ont été extraordinairement violentes et prolongées.

Nous avons vu revenir plusieurs personnes du lieu de la scène avec de fortes marques d'horreur sur leur physionomie, et exprimant hautement leur dégoût de la scène choquante dont ils avaient été témoins. On nous dit que le shérif et tous ses sous-officiers avaient pris toutes les précautions nécessaires dans les arrangements préalables pour la mort du prisonnier, et qu'il ne mérite aucun blâme, non plus qu'aucune autre personne excepté l'exécuteur qui heureusement peut s'excuser sur ce qu'il n'a pas encore assez d'expérience pour le rendre habile dans l'œuvre de la mort.

Fait inusité dans cette affaire, le condamné avait rédigé une lettre et avait demandé au *Journal* de la publier après sa mort, ce qui fut fait dans l'édition du 27 octobre 1828. Cette lettre, à la fin de laquelle il dévoila sa véritable identité, s'intitulait *Le prétendu Ducharme au public* :

Je dis le *prétendu* Ducharme, et c'est le premier aveu de ma vie criminelle. Ducharme n'a jamais été mon nom. Je dois cet aveu sincère aux familles respectables qui portent le nom, puisqu'il deviendrait pour eux une tache et un déshonneur qu'ils n'ont pas mérité et je leur demande pardon d'avoir souillé ce nom que je ne mérite pas de porter, par une vie sans honneur, sans religion et surtout couverte de vols. Aussi, est-ce avec justice que je me vois condamné au dernier et au plus honteux des supplices. Heureux encore s'il peut effacer une course de trente-huit ans marquée au coin du crime. Oserais-je dire, je suis content de mourir dans le fond obscur de mon cachot. Je me crois le plus malheureux des hommes, mais le plus heureux des criminels, parce que j'espère que le supplice de mort que j'accepte avec résignation et soumission, je dis même avec reconnaissance, me paraît le seul moyen de réparer une vie scandaleuse et malheureusement trop publique. Je reconnais la main du Dieu qui m'a suivi partout […].

Je meurs content, parce que je me défie de mes résolutions qui m'ont déjà trompé plusieurs fois. Je meurs content parce que mon genre de mort est le seul digne de moi. Je meurs content parce que ma mort sera la réparation publique des forfaits publics dont je me suis rendu coupable. Je meurs content parce que j'ai la consolation de croire que le spectacle de ma mort arrêtera bien des crimes, et portera dans le cœur des jeunes gens des impressions qui ne s'effaceront jamais. Je demande pardon des scandales que j'ai causés, des injustices que j'ai faites, des mauvais conseils que j'ai donnés, et j'implore avec confiance les prières d'un public toujours sensible à la mort d'un homme.

Pierre Lubarge

En 1836, une nouvelle prison venait d'être construite à Montréal. Le 14 juillet, des membres du Grand jury visitèrent cet édifice où logeaient quatre-vingt-treize détenus. Ces administrateurs de la justice, qui avait entre autres le rôle de porter des accusations [15], rédigèrent par la suite un rapport dans lequel ils dénonçaient de nombreuses lacunes qui furent publiées dans le *Journal*, le lundi 25 juillet 1836 :

> La plupart [des prisonniers] déclarèrent que la ration de pain qu'ils reçoivent chaque jour ne suffit pas pour leur nourriture. Car l'éloignement de la prison empêche quantité de personnes charitables de pourvoir à plusieurs de leurs besoins. Plusieurs de ces prisonniers sont dans un état de dénuement complet et manquent même des choses les plus nécessaires pour se vêtir, quelques-uns sont presque nus […].

> Le Grand jury a visité avec la plus minutieuse attention les divers appartements de ce vaste édifice ; il n'hésite pas à prononcer que le plan adopté pour la construction de cette prison n'est pas compatible avec nos climats. Durant le froid rigoureux de nos longs hivers, il sera impossible de chauffer les cellules où sont les prisonniers, par le moyen d'un simple tuyau de poêle tel que déjà disposé dans les corridors […].

Il a été pratiqué dans la cour de la prison une pompe qui tire l'eau de la rivière par le moyen d'un canal ; cette pompe est mise en activité par douze hommes, elle conduit l'eau dans des citernes ou réservoirs qui sont dans le grenier de la prison ; l'eau se répand dans tout l'édifice par le moyen de tuyaux de plomb. Cet ouvrage, qui est certainement bien imaginé, deviendra absolument inutile durant la saison du froid, à moins de chauffer convenablement tout l'édifice, ce qui causerait des dépenses incalculables. Un seul tuyau qui arrêterait [gèlerait], empêcherait l'eau de circuler dans les autres.

Les lieux d'aisances sont faits sur un plan trop compliqué, et ne conviennent pas à une prison, où il se trouve tant de gens mal intentionnés. Quelques-uns des conduits, qui sont en plomb, ont déjà été brisés, ce qui occasionne dans l'édifice une odeur infecte et insupportable.

Les portes des divers corridors ne sont pas assez solides. Les fenêtres du troisième étage n'étant pas grillées, les prisonniers, une fois sortis de leurs cellules, peuvent s'échapper aisément, les grillages des étages inférieurs peuvent leur servir d'échelle pour descendre jusqu'en bas, sans le moindre inconvénient.

QUEL SALE TEMPS
CE PRINTEMPS !

Du froid, toujours du froid, du vent, de la neige, en un mot toujours l'hiver ! Le printemps ne montre pas encore signe de vie. Il semblerait que la comète de 1835 a changé notre température et que nous sommes rapprochés du pôle arctique [...]. Les anciens se rappellent d'une année où, vers le 25 mars, toutes les terres étaient ensemencées. *Le lundi 21 mars 1836*

« Nous voilà arrivés au 7 avril, et la terre gémit encore sous une couche de neige, au moins de cinq pieds d'épaisseur moyenne, qui couvre toute la surface du pays et qui en beaucoup d'endroits se trouve accumulée à la hauteur de huit à dix pieds. Si cette énorme quantité de neige vient à fondre subitement, il est à craindre qu'il n'en résulte des inondations désastreuses. » *Le lundi 10 avril 1843*

« La saison est extrêmement tardive cette année [l'arrivée du printemps]. Non seulement nous avons eu ici une chute de neige depuis le commencement de mai, mais le 6 de ce mois a été un jour si froid que l'eau gelait en plein midi. La végétation étant aussi en retard, c'est à peine si les bestiaux peuvent trouver à vivre dans les champs. Les fourrages, le foin et la paille, sont d'une rareté extrême. » *Le jeudi 11 mai 1854*

OPINIONS

Le lundi 16 novembre 1846, on publia une lettre d'un citoyen intitulée *Vous ne tuerez point*. Signant son message sous le pseudonyme « Homme et chrétien », ce lecteur du *Journal* exprima sa vive opposition au recours à la peine de mort pour punir les auteurs de crimes autres que le meurtre, comme le viol.

Monsieur le rédacteur, un nommé Jos Robert fut dernièrement condamné à Trois-Rivières, pour le viol commis sur la personne de sa propre fille, à être pendu le 21 novembre prochain. Le juge en prononçant la sentence déclara au coupable que l'énormité de son crime était telle qu'elle devrait lui enlever tout espoir de clémence et de commutation [de sa peine].

Remarquons d'abord que notre code pénal nous déshonore. Qu'il est le plus barbare, le plus cruel du continent. Que la plupart des autres codes d'Amérique n'infligent la peine de mort que pour le crime de meurtre [...]. Nous avons cependant depuis plusieurs années témoigné de l'horreur des exécutions pour meurtre, et des meurtriers ont vu leurs sentences commuées. Et la loi qui n'a pas su distinguer entre meurtre et viol, qui inflige la même peine pour deux crimes si différents, nous la verrons exécutée sans nous sentir émus ? [...]

Monsieur le rédacteur, un seul argument a suffi pour me donner la conviction absolue de l'inviolabilité de la vie de l'homme. Je n'en demande point d'autres. Que la société à qui je l'adresse aujourd'hui le pèse et le juge. Dieu seul est créateur et a fait la vie. Lui seul en est le maître. Lui seul nous la donne et nous l'ôte. Vous niez à l'Homme le droit de disposer de sa propre vie. Vous avez horreur du suicide; vous l'appelez "crime". Si, dès lors, l'Homme ne peut s'ôter la vie, il n'a jamais pu, en entrant dans la société, abandonner à la société un droit sur sa vie. La société s'est donc arrogé despotiquement un pouvoir criminel sur la vie de ses membres, sur ce don mystérieux, sur cette propriété sacrée de la Divinité. Étrange aberration de la faible humanité: condamner le suicide et commettre le meurtre! […] Le pénitentiaire est là. Que les cachots s'ouvrent pour engloutir le malheureux qui n'est plus digne d'appartenir à la société.

L'EMPRISONNEMENT DES JEUNES DÉLINQUANTS

Un rapport du Grand jury fut publié dans le *Journal* le samedi 2 avril 1853. On s'interrogeait sur la pertinence de faire cohabiter en prison les jeunes hommes et les jeunes femmes avec les criminels d'habitude.

Sans classification d'âges ou de crimes, les prisonniers sont mêlés ensemble, et la contamination mutuelle a libre cours. Sans occupation avant le procès, ils s'assemblent en groupes, entendent des récits d'iniquités et d'audacieuse perversité des plus dépravés de la bande. C'est par un tel état de choses, d'après le penchant naturel et inné pour l'imitation, que tous s'élèvent au même degré dans le crime.

Le jeune criminel, comparativement moins souillé, devient ainsi bien vite endurci dans le crime, et bien qu'il soit peut-être entré en prison pour une légère offense, il en sort avec les dispositions d'un grand vilain. Au lieu d'avoir été réformé par la discipline de la loi, il devient une peste et un fardeau pour la société pendant le reste de ses jours [...].

Le Grand jury ne conçoit pas de plus grande injustice envers une jeune personne du sexe [expression désignant à l'époque une femme], sous soupçon de crime, que celle de la placer avec des maîtresses de débauche [femmes propriétaires de bordels], pour y demeurer des semaines et des mois avant de subir son procès.

En vue de ces maux terribles pour les individus et pour la société, le Grand jury recommande ardemment l'adoption immédiate de quelque moyen de procéder sommairement pour tous les cas de petits vols et de maisons de désordre, de manière que la prison ne soit pas, comme à présent, encombrée de prisonniers attendant des procès pour des offenses légères. La société serait par là protégée contre les ravages d'un système étendu de démoralisation, le public serait soulagé d'une dépense considérable qu'entraînent ces emprisonnements.

Le lundi 25 juillet 1836, les membres du Grand jury publièrent leurs recommandations sur trois graves problèmes sociaux : les auberges, les maisons de jeu et les maisons de prostitution.

Parmi les recommandations faites au jury, il en est trois qui ont attiré plus particulièrement son attention, à savoir : les auberges, les maisons de jeu et les lieux de débauche et de prostitution. Si on consulte les annales de nos cours de justice, il sera facile de se convaincre que la plupart des crimes jugés par les tribunaux proviennent de ces trois causes qui exercent une influence bien nuisible et bien pernicieuse sur une certaine classe de la société.

Quel est l'objet de l'établissement des auberges ? De recevoir, loger et nourrir les voyageurs. Le Grand jury est donc d'opinion que toute licence doit être refusée aux personnes qui n'occupent pas une maison convenable pour loger commodément un certain nombre de voyageurs. Tous les *grogs shops, tap room,* estaminets, guinguettes doivent être absolument retranchés. C'est ordinairement le refuge des escrocs, des voleurs et des malfaiteurs. Les propriétaires de ces lieux de débauche sont ordinairement les receleurs des effets volés.

Il est une autre nuisance contre les bonnes mœurs et la paix de la société : ce sont les maisons de jeu, qui se multiplient d'une manière effrayante. Plusieurs de ces tripots, où se rassemblent les joueurs de toutes les dominations, sont tenus par des gens sans caractère et sans probité. Ceux-ci se mêlent souvent de la partie après avoir enivré les gens pour les piller plus aisément. Combien de pères de famille ont perdu dans ces repaires l'argent qui devait procurer le pain à leur famille ?

S'il se rencontre maintenant tant de santés débiles et usées, tant d'infirmités et de maladies invétérées et incurables et qui, pour le malheur de la société, se transmettent aux autres générations, c'est surtout aux lieux de débauche que nous les devons [...]. Dans presque toutes les villes d'Europe, ces maisons de débauche sont soumises à la surveillance immédiate de la police et à des règlements sanitaires exécutés avec la plus grande sévérité. Nulle part le besoin de règlements ne se fait sentir comme dans ces maisons, fréquentées ordinairement par des personnes qui ne connaissent aucun frein à leurs brutales passions. Dans les contrées dont on vient de parler, des lois sévères y sont établies, des médecins sont nommés par les autorités, des cartes de santé sont délivrées par ces médecins tous les huit jours et celles qui n'en sont pas pourvues sont immédiatement emprisonnées.

MAISON &c A LOUER

A LOUER

Et possession immédiatement,

Une jolie MAISON de campagne, située à la Rivière St. Pierre, à trois milles de la cité. Ce site est des plus agréable durant la saison de l'été. S'adresser sur les lieux.

1 juin.   F. C. LAUZON.

A LOUER,

Une MAISON joignant le Village de LAPRAIRIE, sur la ferme des Sœurs, agréablement située pour une famille qui voudrait se retirer à la campagne. S'adresser au Capt. du "Prince Albert," ou au propriétaire sur les lieux, HYPOLITE BISAILLON.

22 mai—sip

A LOUER,

Et possession à la St. Michel.

UNE MAISON située au haut de la rue SANGUINET, très logeable à deux étages, avec toute sorte de dépendances, et une Boulangerie. S'adresser sur les lieux au propriétaire

ELIE St. GERMAIN.

15 mai.

A LOUER,

La MAISON de pierre à deux étages, No. 8, Rue St. Pierre. S'adresser à
F. ANT. LAROCQUE,
ou   ALEXIS LAFRAMBOISE,
ou   ALFRED LAROCQUE.

9 mars 1848.

A LOUER.

Plusieurs superbes LOGEMENS dans les maisons du Soussigné, avec cours et remise, etc., au coin juost du quarré Papineau

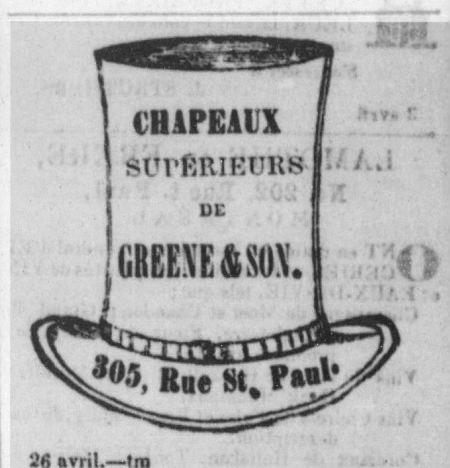
FRANCŒUR & GIROUX

REMERCIENT infiniment leurs nombreuses
pratiques et le public en général pour l'encouragement très libéral qu'ils ont reçu d'eux, depuis

essayant sa recette.

À vendre chez M. W. LYMAN, à Montréal.

ASSOCIATION
ST. JEAN-BAPTISTE.

Célébration de la Fête Patronale.

La Fête Patronale sera célébrée Samedi prochain, 24 juin courant, par une MESSE SOLENNELLE qui sera chantée à l'Église paroissiale, à 9½ heures du matin.

La procession se formera comme ci-devant, dans la rue St. DENIS, près de l'Evêché, à 8 heures précises, suivant le programme qui va être publié. Tous ceux qui ont coutume d'y assister sont priés de se rendre à l'heure fixée.

L'association espère que les rues seront pavoisées de branches d'érable comme dans les occasions précédentes, et que les magasins seront fermés durant la procession.

LUDGER DUVERNAY.

19 juin.   Commissaire-Ordonnateur.

Aux Membres de l'Institut Canadien.

LES membres de l'Institut Canadien sont informés qu'ils devront assister en corps, samedi prochain, le 24, à la procession de la St.

Mort funeste. — M. Alexander Wilkie est tombé Samedi soir du haut d'un escalier, à l'Hôtel de Swords, et est mort sur le champ. Il n'était point marié.

Ceux qui ont des chiens feront bien de se conformer au Règlement de Police dont il est question dans la proclamation du Maire insérée plus bas. Le 52e article du 1er chapitre des Règlemens de Police, autorise toute personne à tuer tout chien courant libre ou errant sans être muselé. L'amende contre le propriétaire du chien n'est pas moins de 20s.

Nous appelons l'attention du public au Rapport du comité du conseil de ville relatif à la commune ; ce rapport important devait être pris en considération aujourd'hui à 3 heures, à une assemblée du maire et des conseillers de ville.

Le journal qu'on veut faire passer pour le défenseur du clergé a fait ces jours derniers contre ce corps une sortie qui lui a attiré la réponse suivante, dans la Gazette de Québec :

M. L'ÉDITEUR. — Ayant eu l'honneur de présider l'assemblée des messieurs du clergé qui a eu lieu à Québec au sujet des difficultés relatives à la nomination de Messire Turgeon, comme coadjuteur, je crois devoir contredire ce qui a paru dans un paragraphe éditorial de l'*Ami du Peuple*, au sujet de cette assemblée. Les résolutions qui y ont été adoptées ne respirent que modération et cette charité dont le clergé doit donner l'exemple ; et chacun d'eux aura bientôt l'occasion de se convaincre que rien n'y a été fait qui n'ait pour but l'intérêt de la religion et le bien de l'heureux pays que nous habitons. Je crois aussi devoir déclarer que loin de préjudicier aux droits de Monseigneur l'Évêque de Québec, comme semble l'insinuer l'*Ami du Peuple*, la dite assemblée n'a eu en vue que de les appuyer par l'expression unanime des sentimens du clergé du diocèse.

désable dans le
phase n'excéden

Il serait à sou
beau et assez c
voir la belle éc
26 de ce mois a
pluies et les te
chés de soir les
être visibles po
année. — Montré

L'élection du Q
ment de feu M.
avoir lieu le 8 de

Sa
M
À une Assembl
13 Novembre des
sents Messieurs
Torrance, Doneg
été resolu, ce jou
par l'entremise d
port suivant.

Chargé de « fai
« de distribution d
« dernier, soumis
« divers papiers et
« missaires du C
« chands engagés
« dises au Haut-C
« merce de Montr
sent Rapport
communication d
entendu, dans sa s
l'hon. T. Pothier
« al de Lachine,
« bureau du co
« tion des papiers
« présenté sur le
« après mûr exame
« voir soumettre a
tions suivantes :

1o. *Résolu.* — Q
mander au consen
de ses pétitionnai
« de ne disposer d
« portion du terra

2ᵉ partie
DES MAUX
DE SOCIÉTÉ

L'EUPHORIE DES COURSES
DE CHEVAUX

Les amateurs de courses qui trépignaient d'impatience d'obtenir les résultats des dernières compétitions ont été très déçus le lundi 21 septembre 1829 quand le *Journal* écrivit ceci: «Nous avions retardé l'heure de la publication de notre journal afin de donner à nos lecteurs le résultat des courses, mais le mauvais temps qui dure depuis hier les a fait remettre à un autre jour.»

Dès le début, la popularité de cette nouveauté à Montréal fut immédiate. En effet, à midi, «une foule immense composée de plusieurs milliers de personnes était déjà rendue sur les lieux, malgré la pluie qui tombait par torrents». On accourait de partout, «la ville étant pleine d'étrangers venant de toutes directions et trois steamboats arrivés ce matin étaient remplis de passagers». Confirmant que l'événement aurait lieu dès le retour du beau temps, on présenta la liste des chevaux en compétition, leur âge et le nom des propriétaires. Voici les détails sur la première des trois courses prévues:

Hazard, 5 ans, de M. Gordon

Polly Green, 4 ans, du général Barnum

Red Bird, de M. Barlow

Prospect, 4 ans, de M. Kauntz

Hector, de M. Moore

Bien que le *Journal* ait involontairement collaboré à faire la promotion de cette nouvelle distraction populaire en publiant sur ce sujet, il fit également une sérieuse mise en garde sur ses inconvénients, le lundi 28 septembre suivant :

> Quelque libéralité que nous puissions avoir, et quoique nous soyons disposés à permettre à chacun de s'amuser comme il lui plaît, nous ne sommes pas du nombre de ceux qui croient que cet amusement, nouvellement introduit dans les mœurs canadiennes, soit une innovation bien avantageuse et bien favorable à ces mœurs. Ce ne sont pas tant des courses en elles-mêmes que nous déplorons l'effet, mais celui des scènes qui les précèdent et les suivent ; véritables saturnales où surtout la population industrielle de nos villes va perdre dans les excès son temps, son argent, ses mœurs et sa santé.
>
> La plaine où les courses viennent d'avoir lieu a surtout été cette année le repaire de l'oisiveté et de l'ivrognerie, et nous disons avec regret qu'elle a été fréquentée par beaucoup de jeunes ouvriers et apprentis canadiens qui paraissent se plaire à passer leurs soirées sous des abris de toile et de planches, où les lois et les mœurs n'avaient pour ainsi dire aucun empire [...]. Les soirées des

¿courses, la grande rue du faubourg Saint-Laurent était sans cesse remplie de jeunes gens revenant de la plaine à des heures plus ou moins avancées, et en faisant plus ou moins de vacarme. On nous a assuré que chaque soirée on pouvait estimer à 800 le nombre de personnes qui sont restées sur les lieux jusqu'à huit ou neuf heures du soir. Les mêmes scènes ont eu sans doute lieu ces jours derniers et continueront jusqu'à ce que toutes les cabanes aient été enlevées. Ceci mérite l'attention de la police et des législateurs.

C'était également prévisible : des parieurs furent malheureusement fraudés lors des courses tenues à La Prairie. Le jeudi 15 août 1844, le *Journal* décria cette arnaque :

Il paraît que la plupart de ceux qui ont assisté à cet *amusement* de mauvais genre n'ont pas été satisfaits de leur voyage. Plusieurs parieurs avaient risqué des sommes assez considérables sur les meilleurs chevaux, comme cela se pratique ordinairement. Mais d'autres parieurs, qui font métier et marchandise de ces gageures, avaient eu le soin, à ce qu'il paraît, de prendre des arrangements avec les jockeys afin que les meilleurs coursiers fussent devancés à la course. C'est ce qui arriva en effet et les parieurs de bonne foi furent les victimes de ces escrocs. Ces courses, comme on peut se l'imaginer, n'offrirent aucun intérêt et la ruse avait été si patente que les directeurs refusèrent d'adjuger le prix au propriétaire du cheval qui était arrivé le premier. De pareilles fraudes devraient être sévèrement punies.

Outre la fraude, d'autres problèmes que l'on craignait avec ce genre d'événement se produisirent. Le lundi 25 août 1845, un journaliste confirmait « que ces amusements qui se renouvellent tous les ans, et qui trouvent encore des amateurs, se terminent toujours par quelques désordres ». « Des rixes sérieuses ont eu lieu vendredi entre 5 et 6 heures du soir et plusieurs personnes y ont été maltraitées au point de faire craindre pour leur vie », ajouta-t-il. Pour calmer les ardeurs des belligérants, « les troupes [militaires] furent appelées et deux compagnies, l'une du 52 et l'autre du 93, se rendirent en toute hâte sur les lieux, sous la direction du maire. » Ce maire était James Ferrier. Trop tard cependant, car « lorsqu'elles arrivèrent le champ de bataille était évacué, chacun avait pris la fuite ». Le même triste spectacle s'étant reproduit le 21 août 1850, on annonça « que des rixes sanglantes ont eu lieu aux courses hier après-midi ». Des témoins révélèrent « qu'on s'est échangé des coups de poing, de bâtons et de pierres ».

DEUX ORGUEILLEUX

La passion démesurée pour les courses contamina également certains individus. Exactement comme de nos jours, on se lançait parfois des défis pour vérifier qui des deux serait le meilleur et le plus rapide. Et comme aujourd'hui, ce genre de sport extrême amenait des belligérants à se comporter de façon ridicule, voire enfantine. Le mardi 6 février 1855, deux compétiteurs frustrés, qui faisaient équipe, publièrent une annonce dans le *Journal* pour sauver leur image publique et pour davantage humilier leur opposant qui avait finalement décidé de ne pas relever un défi. Voici le texte de cette annonce intitulée *Avis* :

> Ayant accepté le défi de M. le docteur Prévost, les propriétaires du cheval l'*Oiseau rouge* [les signataires de cette annonce] se sont rendus à Saint-¿Eustache, chez W. Leclaire, pour signer les conditions de la course. M. Gratton [cosignataire de l'annonce] a offert au propriétaire de l'*Étoile du Nord* tous les avantages possibles, même jusqu'à faire les chemins à ses propres frais. Il a lâchement refusé. Nous espérons donc que le propriétaire de l'*Étoile du Nord* n'ira plus dire que nous avons refusé de trotter avec lui, puisque lui-même, à la vue d'un public, a refusé lâchement de trotter avec nous.

> GÉRÉMI GRATTON
> JOSEPH BOURASSA

LES DANGERS DE LA VIE URBAINE

DES RUES MAL ÉCLAIRÉES

Au cœur de l'automne, la saison où la durée de la lumière du jour décroît, un citoyen montréalais exprima sa frustration en faisant publier sa lettre dans l'édition du jeudi 25 octobre 1827 : « M. l'Éditeur [du journal], je ne peux pas concevoir comment, dans une saison comme celle-ci, on a pu retrancher presque la moitié des fanaux destinés à éclairer nos rues et que l'autre moitié de ceux qu'on allume le soir se trouvent éteints vers dix ou onze heures. »

Recherchant la véritable cause de ce problème, il lança ce cri du cœur : « Je désire donc que quelqu'un me donne les raisons pour lesquelles on ne s'applique pas à donner toute l'attention possible aux objets d'utilité publique surtout dans une ville comme celle de Montréal. » Ce citoyen se demandait même s'il ne vaudrait pas « beaucoup mieux n'avoir pas de lumières du tout que d'en avoir que par intervalle », en précisant que, dans les rues, certains fanaux éclairent bien, alors que certains autres aveuglent le piéton et que trop de segments de rue sont plongés dans une totale noirceur. Il présenta ses recommandations :

> Qu'on se procure d'abord de l'huile qui ne se consomme pas si aisément ! Qu'on ne la ménage pas du tout. Qu'on engage ensuite un surveillant et des personnes pour nettoyer bien proprement les fanaux. Qu'on les allume à bonne heure, en disposant les mèches et l'huile de manière à ce que le tout procure un éclairage plus durable et plus avantageux pour les personnes qui voyagent de nuit dans nos rues.

C'EST LE BORDEL AU MARCHÉ

Fatigué de l'indiscipline généralisée qui règne au marché à foin de Montréal, un citoyen fait parvenir une lettre de protestation au *Journal* qui la publia le lundi

1er novembre 1830. « Si les inconvénients qu'on rencontre n'étaient que passagers, ce serait de ma part vouloir exercer les plaintes frivoles de l'adolescence plutôt que de chercher à ramener à une réforme tout ce qui est indubitablement nuisance et danger public », s'indigna ce citoyen. Voici les problèmes qu'il constatait :

> En effet, quel citoyen tant soit peu attentif se refuserait d'avouer que presque tous les jours les vendeurs de foin, qui se tiennent sur le trottoir, de même que leurs chevaux, n'ont déjà pas été les auteurs de plusieurs accidents. N'est-il pas à la connaissance même du clerc du marché à foin et de son connétable que plusieurs personnes des plus respectables de cette ville ont été mordues par des chevaux qu'on a l'habitude de débrider pour les laisser manger le foin qu'on leur étend sur le trottoir.

> Sans ne m'arrêter qu'à ces funestes accidents, combien de jeunes enfants en outre n'ont pas été non seulement mordus par les chevaux ainsi débridés, mais encore battus à coup de fouet parce qu'ils marchaient sur le foin qui est ainsi étendu pour les chevaux. Est-ce donc la seule place en ville où l'on aurait droit d'obstruer le passage des piétons, tandis qu'il est notoirement connu qu'un colporteur peut être condamné à 2 livres d'amende pour s'arrêter et vendre ses marchandises sur les trottoirs […].

> Je me flatte qu'en voulant bien insérer ces courtes réflexions, ce ne sera que donner un sage avis à

ceux sur lesquels le reproche doit tomber, et par ce moyen éviter les dangers que courent tous les jours ceux qui indispensablement doivent passer par cette route dangereuse.

DES TROTTOIRS NÉGLIGÉS

Le *Journal* fit une virulente sortie contre les dirigeants de la Ville de Montréal, le lundi 17 février 1845, « car jamais nos rues n'ont été dans un aussi pitoyable état qu'elles le sont maintenant ». L'éditorialiste en dénonça les fâcheuses conséquences : « On n'entend parler que de chutes, d'entorses ou de membres disloqués par suite de l'état pitoyable où sont les trottoirs. »

« Où doit-on chercher les coupables de tant de calamité ? Sont-ce les citoyens ou la Corporation ? », s'interrogea le journaliste, qui se disait lassé de la chicane entre les citoyens et la Ville. Les contribuables soutenaient que « d'après la nouvelle taxe imposée, la Corporation s'est exclusivement chargée du nettoyage des rues, hiver comme été ». De son côté, la Ville « prétend que les occupants des maisons doivent entretenir les trottoirs, c'est-à-dire d'en ôter la neige pour la jeter au milieu de la rue, d'où elle sera ensuite enlevée par la Corporation ». Peu importe les positions défendues par chaque opposant, le journaliste se demandait bien pourquoi la Ville n'obligeait pas à l'avenir les citoyens à faire le déneigement des trottoirs en émettant un nouveau règlement.

« Pendant ces débats futiles, la neige s'accumulait dans les rues, le long des maisons, au grand préjudice des pauvres piétons », déplora le *Journal*, et on en présenta les inconvénients :

> Ceux qui ont des portes basses ont été forcés de creuser afin de pouvoir entrer et sortir, tandis que d'autres ont laissé des montagnes de neige devant leurs maisons, ainsi le piéton est obligé de monter et descendre pour circuler dans nos rues. Puis, s'il n'est pas attentif, il est certain de se rompre le cou en tombant dans les excavations qui se trouvent de distance en distance. Mais, ce qu'il y aura de plus plaisant, c'est que ces caves se rempliront d'eau à l'époque des dégels, et gare à ceux qui ne seront pas munis de longues bottes ! Comme tout le monde n'en porte pas, et surtout les dames, on peut s'attendre au printemps à voir la moitié de la population de Montréal atteinte de fluxions de poitrine et de gros rhumes.

L'année suivante, les administrateurs de la Ville de Montréal furent de nouveau critiqués pour le mauvais entretien des trottoirs, car « il est de leur devoir de faire en sorte que les citoyens ne soient pas exposés à se casser le cou tous les jours ». « Nous défions l'homme dont la jambe est la plus ferme de parcourir, sans le risque de tomber une cinquantaine de fois, sur la rue Notre-Dame depuis la rue Saint-Vincent », lança le journaliste qui conclut que « le seul remède que nous sachions à cet inconvénient serait d'obliger les occupants des boutiques ou de maisons, tout le long de la rue Notre-Dame et dans toutes les côtes, de saupoudrer de cendres la devanture de leurs maisons, boutiques et magasins ». La cendre de poêle à bois s'avère effectivement un produit antidérapant extrêmement efficace.

Des toitures dangereuses

La nouvelle d'un accident mortel fut publiée le vendredi 23 mars 1832, alors que « Louis Thibault, charpentier, âgé de 46 ans, a été écrasé par la neige tombée d'une maison de la rue Notre-Dame, le 6 de ce mois ». « Il est mort à l'Hôtel-Dieu le 20. » Ce triste événement incita le *Journal* à rappeler cette consigne : « Afin d'éviter les dangers qui peuvent résulter de la chute des neiges et des glaçons du dessus des toits élevés, les citoyens devraient s'empresser de les détacher, et surtout les glaçons qui pendent aux dalles et qui menacent de tomber sur les passants dans ces temps de dégel. »

Une tragédie similaire se reproduisit en janvier 1846. Le jeudi 15 janvier, on apprit que « lundi dernier, un énorme glaçon se détacha de la couverture d'une maison de la rue Saint-Jacques et tomba sur la tête d'une dame qui passait ». Résultat de cette affaire : « Elle reçut une forte blessure à la tête et le sang coula en abondance au point qu'elle perdit connaissance. » Constatant que « plusieurs autres accidents de ce genre sont arrivés ces jours derniers », on porta à l'attention de tous « qu'il existe maintenant un règlement de la Corporation qui enjoint aux occupants des maisons de faire disparaître les neiges et les glaces de leurs toits sous peine d'amende ».

Cette fois, le lundi 10 mars 1851, ce fut concernant Québec qu'on rapporta une autre mésaventure : « Hier après-midi, comme un enfant de M. Doran, ancien conseiller de ville, âgé de 5 à 6 ans, passait près de la maison de Mme Fortier, place du marché de la Basse-Ville, une gouttière chargée de glace et de neige tomba sur lui et le blessa dangereusement. » Le lundi 17 mars suivant, on annonçait que « l'enfant de M. Doran, qui fut écrasé jeudi par la chute d'une gouttière chargée de glace et de neige, est mort de ses blessures le surlendemain ». À la suite d'une enquête, on en vint à la conclusion « que l'accident a été causé par la négligence des autorités de la Ville en ne faisant pas enlever la glace et la neige de la gouttière et du toit de la maison ».

Décidément, avec un tel bilan, il faut croire que ni les propriétaires ni les autorités municipales ne se souciaient véritablement du danger que représentaient les toitures en hiver, une funeste tradition souvent dénoncée par les journaux. Une fois de plus, à Montréal, le jeudi 10 mars 1853, le *Journal* publiait « qu'un accident grave, et qu'on dit être mortel, arrivé avant-hier, est venu plonger une famille distinguée de cette ville dans une profonde douleur ». Voici les détails sur ce drame :

> Comme mademoiselle Doucet, fille aînée de N. B. Doucet, revenait d'une promenade ou d'une visite, par la rue Notre-Dame, entre l'église paroissiale et l'église des Récollets, une gouttière de maison, cédant sous le poids de la glace qui s'y était accumulée, tomba en se brisant sur une enseigne. En faisant un mouvement en arrière, pour éviter le coup dont elle était menacée, Mlle Doucet tomba à

la renverse et reçut le poids de la gouttière sur son estomac. Le coup fut terrible comme on le conçoit bien. Les médecins ont constaté que l'épine dorsale était rompue et qu'il y avait peu d'espoir de la sauver. Mlle Doucet a toujours été dans d'horribles souffrances depuis ce déplorable accident ; elle a tous les membres inférieurs du corps paralysés, mais elle avait encore sa connaissance parfaite hier soir. On nous dit que la gouttière tombée était un peu pourrie et reposait sur des appuis tout à fait insuffisants.

La victime était la fille d'une personnalité très respectée à l'époque, Nicolas-Benjamin Doucet, qui fut, entre autres, notaire et juge de paix [16]. En plus de blâmer sévèrement le propriétaire de la maison, ainsi que la police et les inspecteurs, on ne rata pas l'occasion de préciser que « s'il est une place en ville où les autorités doivent veiller à ce que la vie des passants ne soit pas mise en danger par des négligences de cette sorte, c'est bien dans la rue Notre-Dame ». De nouveau, on indiqua aux élus municipaux que « ces jours-ci encore, il y avait dans cette rue si fréquentée d'énormes chandelles de glace suspendues aux gouttières, au-dessus des têtes des passants » et « qu'il n'est pas pardonnable de laisser subsister un pareil danger ».

En plus de faire remarquer le danger que constituaient les glaçons, on répéta dans ce reportage qu'il ne fallait pas laisser la neige s'accumuler sur les toits en raison des risques que cela présente. Par exemple, « une avalanche tomba l'autre jour, dans la voiture d'un habitant de la campagne qui venait du marché et faillit lui faire perdre connaissance ». On précisa plus particulièrement « qu'une chute de neige des toits, en donnant l'épouvante à un cheval, peut avoir des conséquences extrêmement graves, surtout dans la rue Notre-Dame, rue si étroite et généralement encombrée de personnes ».

DES TROUS MEURTRIERS

Le jeudi 4 septembre 1845, on était mis au courant qu'un dénommé Ryan « est tombé lundi dans la nuit avec sa voiture et son cheval dans une excavation faite dans la rue Sherbrooke, par les employés de la Corporation [Montréal] pour la construction d'un égout ». Bilan : un cheval tué, une charrette brisée en miettes et un conducteur blessé. « On attribue cet accident à la négligence des employés qui avaient laissé le canal sans lanterne et sans planches pour avertir les passants », commenta un journaliste scandalisé.

Moins d'un mois plus tard, un drame identique survenait. Dans l'édition du jeudi 9 octobre 1845, on rapporta cette affaire : « Mardi soir, entre dix et onze heures, une charrette, dans laquelle étaient trois hommes, fut précipitée dans une excavation creusée pour faire un égout dans la rue Dorchester. » Cette rue s'appelle aujourd'hui le boulevard René-Lévesque, à Montréal. Le cheval fut tué sur le coup et les passagers furent gravement blessés. Comble de malheur, « cette excavation n'était entourée ni de clôtures ni de lanternes ». « Ces accidents ne sont causés que par la négligence des employés de la Corporation [municipale] et c'est un abus intolérable », lança le journaliste outré. Rappelant « qu'il y a quelques semaines un accident semblable est arrivé dans la rue Sherbrooke », le *Journal* suggéra « que les officiers de la Corporation doivent surveiller tout ce qui se fait, et par conséquent avertir les entrepreneurs des mesures à prendre pour éviter les accidents de cette sorte ».

Le jeudi 12 septembre 1850, ce fut au tour de citoyens de Québec d'être les témoins de ce genre de catastrophe :

> Un accident des plus déplorables a eu lieu mardi soir au faubourg Saint-Jean, à l'encoignure des rues Saint-Jean et Saint-Augustin, sous les circonstances suivantes. Un garçon épicier, au service de M. Brown, rue Saint-Jean, descendait la rue Saint-Augustin, au petit trot, assis sur le devant de sa charrette, lorsque tout à coup, au point d'intersection avec la grande rue, sa voiture s'engageant dans une cavité, il fut précipité avec violence sous les pattes du cheval dont il reçut plusieurs coups de crampons sur la tête, et resta écrasé sous l'animal. On lui procura immédiatement les secours des docteurs Dussault et Rinfret. Mais c'était en vain, dix minutes après, Leslie expirait à l'hôtel de M. Masse, où son cadavre demeura toute la nuit.

Le rapport d'enquête dénonça le laxisme des administrateurs municipaux et conclut « que la mort dudit James Leslie a eu pour cause la négligence de la Corporation de la cité qui a laissé sans barricades et sans lumière une rue en voie de réparation ». « Il n'y a pas de termes pour caractériser l'incurie des autorités municipales dans cette occasion, comme dans plusieurs autres », clama le journaliste, qui posa ensuite cette question : « Quand la Corporation fera-t-elle son devoir ? »

De retour à Montréal, un dénommé Holmes en eut ras le bol de la négligence et intenta une poursuite. « Ce qui a donné lieu à cette poursuite, c'est un accident arrivé au demandeur : il était tombé lui, son cheval et sa voiture dans un trou qui se trouvait dans la rue Bleury », lisait-on le mardi 20 avril 1852. Holmes eut d'ailleurs gain de cause devant le tribunal d'appel :

> La cour a maintenu qu'il était du devoir de la Corporation de veiller à la sûreté des voies publiques et que le demandeur avait en principe droit d'action pour ce qui lui est arrivé. La preuve constatait des dommages réels, en ce que le *sleigh* du poursuivant s'était brisé dans la chute. La cour lui accorde 12 livres en forme de dédommagement.

OÙ EST TON NUMÉRO ?

Le mardi 2 mai 1854, le *Journal* prit la décision de reprocher aux autorités municipales de Montréal d'avoir rendu obligatoire la numérotation des portes des immeubles uniquement dans certaines rues principales et commerciales. L'absence d'un numéro affiché sur les portes des immeubles dans tous les quartiers causait désormais des problèmes, non seulement au service des abonnés du *Journal*, mais aussi aux marchands désirant effectuer plus efficacement leurs livraisons à domicile :

Vers cette époque, l'an dernier, la Corporation a donné l'ordre de numéroter les maisons. Cet ordre a été en partie exécuté, mais il n'a été étendu cependant qu'aux rues *fashionables*, les rues des faubourgs ont été négligées. Les inconvénients qu'en éprouvent chaque jour nos marchands détailleurs pour l'envoi des paquets à leur destination sont bien grands, étant souvent, après beaucoup de troubles, incapables de trouver les résidences des acheteurs. Dans la distribution de notre journal, nous éprouvons aussi des inconvénients de n'avoir pas les numéros des résidences où on doit le laisser, et nous avons souvent de grandes difficultés à déchiffrer les différentes marques qui doivent servir de guide aux porteurs. Ce sujet mérite quelque attention.

DES CHIENS DANGEREUX

Comme on le verra, le chien ne fut pas toujours le meilleur ami de l'humain. Les problèmes causés par ces animaux domestiques firent souvent l'objet de reportages médiatiques.

« Il paraît qu'on a vu la semaine dernière, à Lachine et aux Tanneries des Rolland, plusieurs chiens atteints de la rage », avertissait-on, le jeudi 19 décembre 1833. On ajoutait que « vendredi, un jeune chien de chasse, appartenant à M. Franchère, a mordu légèrement un jeune homme qui entrait chez lui ; dimanche, on s'est aperçu que le chien paraissait être malade, et M. Franchère l'a fait tuer lundi, croyant voir en lui les symptômes de la rage ».

À la suite de l'incident, le journaliste fit le vœu que « la Corporation adopte les mesures nécessaires pour prévenir des accidents aussi désastreux que ceux que peuvent causer des chiens dangereux », car, ajouta-t-il, « il n'est peut-être pas de ville où l'on rencontre autant de chiens en liberté que celle-ci [Montréal] ».

Le maire de Montréal, Jacques Viger, prêta attention à ce dossier et fit adopter un règlement municipal à cet effet qui parut dans l'édition du 23 décembre 1833. En plus d'inviter ses lecteurs à lire cette annonce de la Ville, le *Journal* prévint les citoyens que « ceux qui ont des chiens feront bien de se conformer au règlement de police dont il est question dans la proclamation du maire », un avis qui « autorise toute personne à tuer tout chien courant libre ou errant sans être muselé ». Voici le texte de ce règlement municipal :

> Vu qu'un chien, sous poil blanc et taché de rouge, appartenant à M. J. B. Franchère, horloger de la cité de Montréal, et qu'un autre chien sous poil noir, dont le maître n'est pas connu, ont été vus courant libres et errant dans les rues et chemins de la cité et paroisse de Montréal, mordant d'autres chiens et qu'il y a raison de croire que de tels chiens étaient enragés ; il est ordonné par le présent, à toutes personnes de cette cité, d'enfermer incontinent leur chien ou de le museler de manière qu'ils ne puissent aucunement mordre.

Le lundi 25 avril 1836, voilà qu'on apprit avec horreur qu'un jeune Montréalais avait été sauvagement attaqué par deux chiens :

La semaine dernière, un des fils de M. Frederick Glackmayer, de cette ville, a failli être dévoré par deux bull-dogs appartenant à messieurs Mittleberger et Platt. Le jeune Glackmayer passait devant la voûte où se tiennent ordinairement ces deux chiens, sur la Pointe-à-Callière, avec un fusil à la main. Et lorsqu'il s'y attendait le moins, l'un d'eux le saisit par derrière, à la jambe ; Glackmayer voulut lui faire lâcher prise en le frappant avec la crosse de son fusil, mais le chien le saisit avec ses dents en le secouant violemment, et en même temps le coup partit, et le fusil échappa des mains de l'infortuné jeune homme qui faillit recevoir le coup dans le corps.

L'autre chien arriva, lui sauta à la gorge et le renversa par terre. Ses deux furieux adversaires se précipitèrent sur lui et l'auraient déchiré à belles dents si plusieurs personnes qui entendirent ses cris ne fussent venues à son secours. L'un des chiens le tenait à la gorge et M. Glackmayer avait perdu connaissance. On le releva presque sans mouvements et on le transporta chez M. Moreau, où il reçut immédiatement les secours de l'art. Ses blessures ne sont pas mortelles.

Constatant que « les accidents causés par la race canine sont extrêmement fréquents en ce pays », le journaliste conclut « qu'on y élève trop de chiens qui sont généralement plus nuisibles qu'utiles ».

Au printemps de 1837, le nombre de cas de rage devint très inquiétant. « Il n'existe aucun doute que cette terrible maladie s'est emparée de la race canine et que plusieurs accidents en sont résultés», publiait-on le jeudi 6 avril, et on parla de ce cas :

> Mardi dernier, M. Xavier Picard a été mordu à la main par son propre chien qui s'est enfui immédiatement. On dit qu'il a été vu dans la paroisse de Sault-aux-Récollets où il a mordu une autre personne et plusieurs chiens. M. Picard s'est rendu immédiatement après l'accident chez M. le docteur Nelson qui lui a coupé les chairs près de la morsure. Deux chevaux avaient été mordus par un autre chien et on crut prudent de les tuer.

Le jeudi 20 avril suivant, une autre tragédie avait eu lieu : «Le jeune homme dont nous avons déjà fait mention et qui avait été mordu par le chien de M. Bagg est mort hier au soir vers dix heures avec tous les symptômes de la rage.» On apprit que «la maladie s'est déclarée au bout de quarante jours après la morsure, et il n'a été que trois jours malade». Âgé de 12 ans, ce jeune homme s'appelait Benjamin Bellehumeur, et «il avait fait sa première communion jeudi dernier». Une affaire pathétique, car «il était l'unique espoir d'une mère veuve depuis quelques années et dans l'indigence».

Le lundi 25 novembre 1844, des Montréalais furent ébranlés d'avoir assisté à une véritable scène d'horreur :

> Jeudi dernier, un gros chien sortit de la partie sud-ouest de la ruelle des Fortifications et se dirigea vers la grande rue du faubourg Saint-Laurent. Il traînait des lambeaux de chair d'un volume assez

considérable. Des enfants se mirent à sa poursuite et lui firent lâcher sa proie. Quelle fut la surprise et l'indignation des spectateurs en reconnaissant un enfant nouveau-né, couvert de fange et à moitié dévoré. Les jambes avaient tout à fait disparu, et il ne restait que le tronc, la tête et les bras, encore ces parties étaient horriblement mutilées. La police, malgré ses recherches, n'a pu encore parvenir à découvrir la mère ou plutôt la marâtre qui, sans doute, après s'être rendue coupable d'infanticide, a été assez dénaturée pour exposer à la pâture des bêtes le fruit de ses liaisons coupables.

Malgré la promulgation de règlements municipaux et les conseils sans cesse répétés par les journalistes, on doit conclure que les citoyens préféraient la délinquance à ce sujet. Le jeudi 12 octobre 1848, le *Journal* tenta à nouveau d'éveiller les consciences :

Le conseil de ville a ordonné que tout chien qui serait trouvé errant dans les rues sans collier, avec le nom du propriétaire, serait mis à mort. Ce règlement a été passé à la suite de la nouvelle qui s'était répandue que la rage régnait en ville, et dans le but sans doute de diminuer le nombre de ces animaux. On ne compte pas moins de 4 000 à 5 000 chiens à Montréal, la plupart inutiles et qui dérobent une quantité d'aliments aux pauvres, et c'est surtout chez la classe la plus indigente que les chiens se trouvent en plus grand nombre. Cependant, on n'en voit ordinairement que 250 à 300 d'entrés [inscrits] sur la liste de cotisation, il n'y a par conséquent que ce nombre qui paye la taxe.

Quoi qu'il en soit, nous pensons qu'il serait temps de mettre fin au massacre de ces pauvres animaux. Nos rues sont jonchées de cadavres ou de pauvres chiens expirant dans d'horribles convulsions. Ce spectacle est hideux. Cependant, les citoyens ont été avertis depuis longtemps de se conformer aux règlements. Il est vraiment pénible de voir qu'on n'y ait pas fait plus d'attention.

DES FUMEURS NÉGLIGENTS

Voulant sensibiliser la population sur les dangers du tabagisme, le lundi 5 juillet 1830, on présenta le cas d'un fâcheux incident récemment survenu : « Le 26 juin dernier, un vieillard du nom de Vigneau, de Boucherville, étant allé à la chasse en fumant sa pipe, tira un coup de son fusil et après lui avoir donné une nouvelle charge, il procédait tranquillement quand une étincelle tombée de sa pipe dans sa boîte à poudre y mit le feu et occasionna une explosion qui lui brûla la peau de l'estomac, du cou et du visage, de telle sorte que toutes ces parties de son corps sont empreintes d'un noir ineffaçable. »

« Nous n'avons que trop souvent à relater de semblables et quelques fois des plus déplorables accidents », écrivait le journaliste, se demandant par la suite « combien d'incendies allumés par une étincelle échappée de la pipe ont ruiné d'honnêtes familles ». Ce dernier donna donc ce conseil : « S'il est trop difficile pour quelques-uns de quitter tout à fait l'habitude contractée dès l'enfance de fumer, que du moins ils aient la précaution d'avoir des pipes couvertes d'un cuivre mince ou tout autre métal de manière à prévenir les accidents du feu. »

Et si on se fie à une nouvelle publiée le jeudi 22 juin 1843, on peut conclure que la guerre déclarée ouvertement aux fumeurs était plus agressive aux États-Unis :

> La presse américaine fait la guerre aux fumeurs qui empoisonnent Broadway par la fumée de leurs cigares et deux journaux les plus influents de New York proposent que la municipalité ait recours à l'eau pour remédier à cet inconvénient. Des sapeurs pompiers seraient postés au coin de toutes les rues où se trouvent des fontaines et ces sapeurs dirigeraient le jet des tuyaux à la face des fumeurs. C'est là une idée quelque peu ébouriffante.

ON DÉTRUIT LE PATRIMOINE

En 1844, à Montréal, les démolisseurs armés de pics s'en donnaient à cœur joie dans des bâtisses historiques pour pouvoir ensuite ériger des édifices plus modernes. « Pour améliorer, il faut souvent détruire et c'est ce que l'on fait en ce moment à Montréal », proclamait fièrement le *Journal*, le jeudi 30 mai :

> Notre cité n'offre partout qu'une scène de destruction, de démolitions et de reconstructions. D'antiques bâtisses en pierre rondes et enduites de ciment qui datent, comme on dit ordinairement ici, « du temps des Français » sont abattues pour faire

place à de nouveaux édifices en pierre de taille d'un goût plus moderne. Sans parler des nombreuses améliorations ordonnées par notre Corporation, et particulièrement de l'ouverture de la rue Craig qui se prolongera par la suite jusqu'au Pied-du-Courant, nous devons citer le terrain qu'on prépare maintenant pour l'érection du nouveau marché entre les rues Saint-Paul et des Commissaires [le marché Bonsecours]. On a commencé déjà à abattre quelques-unes des maisons qui se trouvent sur ce vaste emplacement et on sera prêt bientôt à jeter les fondations de ce bel édifice dont la nécessité se fait vivement sentir.

On travaille activement en ce moment à abattre la maison de feu M. Loedel et celle de feu M. Dubois, situées sur la place d'Armes, en face de l'église paroissiale, pour y ériger un nouvel édifice pour la Banque de la Cité. M. Berthelet fait construire plusieurs maisons et magasins dans la rue Saint-Jacques. On construit aussi dans la même rue une nouvelle chapelle méthodiste. La Banque de l'Amérique du Nord, près de la rue Saint-François-Xavier est achevée, c'est un superbe édifice à trois étages et à colonnades [...]. Enfin, on n'en finirait pas s'il fallait citer tous les nouveaux édifices qui sont maintenant en construction dans la ville et dans les faubourgs et qui rivalisent tous en beauté et en magnificence.

UNE ODEUR DE RACISME

Au XIXᵉ siècle, le Canada connut une importante vague d'immigration britannique. Ces immigrants pouvaient s'établir, entre autres, dans le Haut-Canada (Ontario) et dans le Bas-Canada (Québec). Rapportée par le *Journal*, dans son édition du jeudi 16 juillet 1829, voici une recommandation publiée dans la *Gazette de Montréal* à l'attention des nouveaux immigrants anglophones : « Quant au Bas-Canada, aussi longtemps que nos lois françaises et nos institutions françaises existeront, ce n'est pas un lieu de résidence convenable pour des cultivateurs britanniques intelligents, ou pour le placement de capitaux britanniques. »

DES IMMIGRANTS LEURRÉS

Le jeudi 9 juin 1836, un journaliste se posait de très sérieuses questions sur les abus commis par des entreprises de navigation sollicitant des clients à l'étranger pour venir s'établir au Canada. « Pour prouver jusqu'à quel point ceux qui ont maintenant le monopole de la navigation poussent leur cupidité », il décrivit le cas d'un bateau « qui est arrivé hier en notre port [Montréal] avec pas moins de 1 000 émigrés à son bord, tous entassés les uns sur les autres ».

En quittant le port de Québec, le lundi précédent, le capitaine reçut l'ordre de remorquer quatre autres bateaux, ce qui allait évidemment rallonger la durée du voyage pour se rendre à Montréal. « Il paraît cependant que les émigrés, indignés de la manière dont on les avait entassés ainsi que du retard qu'éprouvait le steamboat avec les quatre vaisseaux à sa remorque, se révoltèrent contre le capitaine » et le forcèrent « à abandonner les quatre bâtiments un peu plus bas que Trois-Rivières, afin d'obéir à la volonté des passagers qui avaient hâte de sortir de ce gouffre », confièrent des témoins.

Le journaliste se demanda également « s'il est prudent, par les chaleurs qu'il fait, de prendre un aussi grand nombre de passagers qui viennent de débarquer d'un autre vaisseau après une traversée de 5 à 6 semaines où ils ont eu à souffrir toutes sortes de privations ». Selon le *Journal*, plusieurs citoyens pensaient « que c'est un bien triste spectacle que de voir débarquer sur nos quais cette masse d'êtres vivants, dénués de vêtements, de nourriture, dans un état de souffrance, le teint hâve et famélique ».

Mais plus encore, « on se plaint de la manière honteuse dont on trompe les émigrés qui partent du Royaume-Uni pour venir s'établir en ce pays », car « ils s'imaginent, d'après la peinture qu'on a le soin de leur faire, qu'ils partent pour se rendre dans un paradis terrestre, un autre Eldorado ».

CES AMÉRICAINS QUI NOUS ACHÈTENT

Le jeudi 25 février 1836, on mit en garde nos agriculteurs contre l'invasion d'acheteurs provenant des États-Unis qui parcouraient les campagnes pour se procurer des chevaux de race canadienne :

Un Américain de Boston est parti de cette ville [Montréal] samedi dernier emmenant avec lui une vingtaine de chevaux canadiens achetés dans les environs de Montréal pour une compagnie des États-Unis. Cette espèce de commerce se faisait autrefois sur une grande échelle, nos voisins achetaient de nous tous les ans une grande quantité de chevaux de race canadienne, qui est sans contredit la meilleure pour tirer et résister aux travaux. Nos chevaux sont généralement francs et durs au travail. Nous engageons nos cultivateurs à veiller à ce que la race en soit conservée. Les chevaux sont ceux des animaux qui coûtent le moins à élever, surtout à la campagne.

NE CRAIGNEZ PAS L'HÔPITAL

Dans l'édition du 25 septembre 1843, on présenta le *Rapport des maladies admises à l'Hôtel-Dieu de Montréal depuis le 1er mai 1842 au 1er mai 1843*. En plus du bilan de toutes les maladies traitées durant la dernière année, un journaliste profita de l'occasion pour rassurer et inviter la population à ne pas craindre de se rendre à l'hôpital quand on souffrait d'une maladie, car ce lieu offrait finalement plus d'avantages que d'inconvénients :

L'on se convaincra par le rapport suivant des soins qu'on donne aux malades admis à l'Hôtel-Dieu : sur 1 562 cas, il n'y eut que 65 décès. Ce rapport doit avoir l'effet de dissuader ceux qui croient aller chercher la mort plutôt que la santé à l'Hôtel-Dieu ; le nombre de morts étant bien minime comparativement avec celui des malades admis dans le cours d'une année. On sait que M. le docteur Munro est le médecin de l'hôpital et qu'il remplit ses fonctions en homme de mérite et en homme de l'art habile et vigilant.

GROGNE SUR LES HEURES D'OUVERTURE

En 1843, des employés décidèrent de contester les heures d'ouverture des magasins à Montréal et demandèrent aux propriétaires de fermer plus tôt durant la saison hivernale. Le jeudi 9 novembre, on proclama que les contestataires venaient de gagner leur cause :

> Dernièrement, un certain nombre de commis, des magasins de marchandises sèches, se sont réunis en *meeting* pour demander par pétition aux marchands de cette ville de fermer leurs magasins à 7 heures du soir en hiver. Quelques-uns de ces derniers ont répondu par une annonce dans les journaux qu'ils accédaient à la demande des commis, c'est-à-dire de fermer leurs magasins à 7 heures du soir, du 15 novembre au 15 mars inclusivement.

LE FRANÇAIS EN PÉRIL

Outré et fatigué que des Québécois *de souche* se comportent eux-mêmes avec un total irrespect de leur langue maternelle, un citoyen fit publier une lettre pour les dénoncer sur la place publique, le jeudi 4 juin 1829. « Je regrette toujours de voir de jeunes Canadiens [le nom usuel des Québécois francophones à l'époque] jargonner de l'anglais sans le savoir, surtout avec des personnes dont l'anglais est la langue naturelle et qui eux s'expriment fort bien en français », lança-t-il.

Selon lui, « quand un homme ne parle pas votre langue, parlez-lui la sienne si vous êtes capable, c'est dans les règles du savoir-vivre, mais si vous ne le savez pas, ne vous déshonorez pas en le faisant quand il peut parler la vôtre ». En plus de voir de jeunes gens qui avaient la fâcheuse habitude « de parler un mauvais anglais entre eux », notre témoin se disait scandalisé de les voir « parler anglais entre eux en présence de leurs compatriotes [francophones] ». « C'est ce qu'on peut dire réunir à la fois la sottise à la grossièreté », pensait-il.

Afin d'illustrer jusqu'à quel point certains Québécois francophones affichaient un tel mépris de leur propre culture, il cita cet exemple dont il fut lui-même témoin en visitant un commerçant :

> Quelques jeunes dames entrèrent dans un magasin où je me trouvais, et c'était de jeunes dames canadiennes. Elles balbutiaient en anglais de cuisine en marchandant des objets de mode aux commis dont l'un en particulier me paraissait avoir quelque peine à s'empêcher de rire de leur ignorance des premières règles de la grammaire. Celui-ci, jeune étranger, voyant que ces dames ne savaient pas l'anglais,

leur parla en français. Elles s'obstinèrent à jargonner en anglais presque intelligible.

Ne trouvant pas exactement le type de vêtement recherché, le commis eut la délicatesse de leur proposer quelques noms de marchands qui répondraient à leurs attentes. Ces marchands étant des francophones, «l'une de nos belles chalandes répondit, en tournant et secouant la tête d'un air dédaigneux, qu'elle ne mettrait jamais le pied dans ces misérables magasins canadiens».

À l'époque, réalisant que l'usage du français était en péril dans le domaine des publications de recherche scientifique, le *Journal* rendit hommage à Xavier Tessier, le lundi 17 mars 1828, qui avait le projet de publier *Le Journal des sciences naturelles de l'Amérique du Nord*, une revue qui traitait, entre autres, de botanique, de médecine et de minéralogie. Saluant cette initiative, le *Journal* ajouta ce commentaire: «Les écrits en langue anglaise sont devenus si nombreux sur notre continent qu'on serait tenté de croire que cette langue doit être bientôt langue scientifique du Nouveau Monde, surtout quand on envisage l'influence que les États-Unis exercent déjà sur les destinées de l'Amérique entière.»

Dans une publicité publiée dans le *Journal*, on fournit les détails utiles pour se procurer cette revue francophone: ce sera un volume de 300 pages qui paraîtra tous les trois mois et «le prix de souscription sera de six piastres par an, sans compter les frais de poste pour ceux qui la recevront par cette voie». À Montréal, on pouvait désormais se la procurer à la librairie E.R. Fabre et chez H. Cunningham, rue Saint-Paul.

QUEL SALE TEMPS CET ÉTÉ !

« Nous avons eu hier et aujourd'hui une température des tropiques, c'est-à-dire que le thermomètre marquait 97 et 98 degrés [Fahrenheit] à l'ombre et 130 degrés au soleil. Une chaleur aussi forte, presque sans exemple dans nos climats, est bien propre à engendrer des maladies de toutes espèces, si chacun ne s'applique à observer les règles de conduite les plus strictes surtout dans le boire et le manger. » *Le jeudi 12 juillet 1849*

« Nous apprenons que dans les environs des Trois-Rivières, le 25 juin, il y a eu une terrible grêle, mêlée de tonnerre et d'éclairs. Une grêle épaisse est tombée pendant un bon quart d'heure et il y avait des grêlons qui étaient gros comme des œufs de pigeon. Plusieurs châssis ont été brisés par la pesanteur et la force avec laquelle cette grêle tombait. Un grand nombre d'arbres fruitiers ont été abattus et les jardins ont été beaucoup injuriés. » *Le jeudi 30 juin 1853*

« Les grandes chaleurs que nous éprouvons depuis quelques jours ont causé plusieurs décès et surtout des morts subites. Presque partout où des décès ont eu lieu, on a pu tracer quelques imprudences, soit par intempérance [abus d'alcool], ou en prenant de l'eau glacée ou en restant trop longtemps exposé au soleil. On ne saurait donc être trop sur ses gardes dans un temps où le moindre excès peut devenir fatal. » *Le lundi 9 juillet 1849*

OPINIONS

Le jeudi 18 septembre 1845, on déplora le trop grand nombre d'itinérants de toutes sortes circulant dans les rues de Montréal.

Nous voyons avec beaucoup de satisfaction, qu'aux approches de la saison rigoureuse qui augmente toujours le nombre des nécessiteux, les dames du village de La Prairie se proposent de donner un bazar mardi prochain, au profit de la Maison de la Providence de cette paroisse. Il serait à souhaiter que cet exemple fût suivi dans toutes les villes et dans tous les villages afin de porter un secours efficace à tous les pauvres et surtout pour mettre un frein à la mendicité qui est une vraie calamité pour notre pays. Qui croirait que les rues de Montréal sont encore encombrées de boiteux, d'aveugles et d'infirmes de toute espèce qui tendent la main aux passants et qui exhibent leur misère et leur nudité ! Qui croirait que ce tableau aussi révoltant que pitoyable nous est encore offert tous les jours dans notre cité !

Quand aurons-nous donc des maisons de refuge tenues sur le même pied que celles des États-Unis où chaque ville et chaque comté sont obligés de loger et nourrir leurs pauvres au moyen de taxes imposées sur le riche et sur le luxe qu'il étale ? Là, le vrai nécessiteux est logé et nourri convenablement et soigné par un médecin qui est attaché à chacun de ces établissements. C'est pour les contribuables une grande économie, car il en coûte beaucoup moins d'entretenir les pauvres en commun que de les soutenir séparément. C'est un moyen d'empêcher la mendicité, et par conséquent le vagabondage et le vol. Il est un grand nombre de mendiants qui exercent une certaine industrie sur la charité publique, tandis que d'autres se servent de ce moyen pour voler. Il est à espérer que quelques amis de l'humanité prendront ce sujet en considération à la prochaine session du parlement.

Les femmes aiment trop le luxe

Les curés n'étaient pas les seuls à servir des leçons de morale en condamnant des comportements abusifs. De temps en temps, les éditeurs de journaux se donnaient eux aussi le privilège de rappeler à l'ordre des brebis jugées égarées. Dans un bref éditorial, publié le lundi 28 novembre 1842, le *Journal* sonna l'alarme, craignant que le goût démesuré des femmes pour les vêtements dispendieux ne mette en péril le nombre de mariages, donc l'avenir de la société et de la famille.

De jeunes messieurs à qui l'on parlait de mariage l'autre jour donnaient pour raison de ne pas songer à cet état, pour lequel ils avouaient cependant se sentir toute la volonté naturelle, parce qu'il leur était impossible de subvenir à la toilette de leurs charmantes moitiés. Et l'un d'eux citait en exemple une jeune femme d'un étage [classe sociale] assez médiocre, quoique respectable, qui venait de s'acheter un seul habillement qui lui revenait à 230 livres !

Si un luxe pareil dévore les classes les moins élevées de la société, que cela doit-il être pour ceux qui vivent dans une sphère sociale plus haute encore? Nous avons raison de craindre pour la fin du monde si un pareil état de choses continue, car la société finira par se composer exclusivement de célibataires. C'est sérieux!!!

LES VENDEURS ITINÉRANTS

Le jeudi 19 décembre 1833, un citoyen s'interrogeait sérieusement sur une nouveauté : les vendeurs itinérants.

Depuis longtemps les marchands se plaignent des colporteurs qui leur causent un tort considérable. Dans le cours de l'été dernier, des journaux de Montréal et de Québec se sont occupés de cette question. Ceux qui prennent le parti des colporteurs disent que chacun doit avoir la liberté de commercer comme il l'entend; que ces commerçants itinérants sont exposés à moins de frais, mais à beaucoup plus de fatigues et de privations que les marchands réguliers. [...] Il suffit de faire attention à ce qui se passe pour voir la nécessité d'apporter un remède aux maux dont se plaignent les marchands. Ceux des villes et de la campagne sont soumis à toutes les charges publiques; ils achètent leurs marchandises à 3, 4 et 6 mois de crédit et sont obligés d'entretenir des établissements assez dispendieux, et qu'arrive-t-il? Les colporteurs, qui ne sont soumis qu'à une taxe de 8 piastres pour leur licence, vendent leurs marchandises à plus bas prix que les marchands qui sont réduits à vendre au prix d'achat ou au-dessous et se ruinent en exposant à des pertes considérables ceux qui leur ont fait des avances [fait crédit].

Les habitants de la campagne sont généralement hospitaliers ; les colporteurs reçoivent chez eux l'accueil le plus favorable, n'ont presque rien à payer pour leur logement, leur nourriture et ils leur arrachent l'argent qu'ils destinaient à payer ce qu'ils doivent aux marchands qui leur ont fait des avances. Les colporteurs s'insinuant dans les maisons tentent la vanité des serviteurs qui se privent du nécessaire pour acheter des objets inutiles de luxe, souvent avec l'argent qu'ils dérobent à leurs maîtres. À voir l'état actuel des choses, on peut s'attendre à voir bientôt des cabarets ambulants qui porteront partout, à bas prix, la démoralisation, la corruption et la mort ; alors, on ne saura où pourra s'arrêter le crime.

Il est temps que la législature s'occupe de ce sujet qui est bien digne de fixer son attention ; tant que le mal actuel subsistera, le commerce languira et nos campagnes n'offriront point l'aspect florissant des villages américains où on ne voit point de colporteurs. C'est avec plaisir que j'apprends qu'on prépare à Montréal une pétition à la législature demandant que la loi relative aux colporteurs soit changée.

FETE NATIONALE,

Soirée Publique

DONNÉE PAR

L'INSTITUT CANADIEN,

en l'honneur de la

ST JEAN-BAPTISTE,

Lundi, le 26 Juin 1848.

A L'HOTEL CLIFTON, (l'ancien Hôtel Rasco)

Dames Patronnes : MME. JOSEPH BOURRET.
MME. L. T. DRUMMOND.
MME. W. A. R. MASSON.

LEURS Excellences le GOUVERNEUR GÉ-
NÉRAL et la COMTESSE d'ELGIN, ho-
noreront la soirée de leur présence.

Les Dames patronnes, prendront le fauteuil à
8½ heures, P. M.

Deux Corps de Musique seront engagés pour
la soirée.

Le souper et les rafraîchissements seront servis
avec soin et de première qualité.

Prix des billets d'admission pour messieurs 7s 6d
Do   do   Dames   2s 6d

On pourra se les procurer chez MM. Fabre &
Cie., J. W. Herbert, rue Notre Dame, au bureau
de L'Avenir, à l'Hôtel du Canada et à l'Hôtel
Clifton.

Les Membres de l'Institut qui voudront jouir
de leur privilége, devront se procurer leurs billets d'admission de Mr. J. B. E. Dorion, au Bureau de l'Avenir, 122½, rue St. Paul.

Par ordre du Comité,
V. P. W. DORION,
Secrétaire.

15 juin.

A L'ENSEIGNE DU CHAPEAU GRIS.

A L'ENSEIGNE DU CHAPEAU GRIS.

Chapellerie Canadienne

DE

T. BOUCHER,

No. 111,

RUE NOTRE-DAME.

EN FACE DE LA RUE ST. JEAN-BAPTISTE,
MONTRÉAL.

LE Soussigné informe ses pratiques et le public en général, qu'il a transporté sa boutique de CHAPELLERIE, No. 111, rue Notre-Dame, où il aura constamment en magasin les modèles les plus récents de Paris et Londres, et f ra sur commande toutes formes de Chapeaux, Casquettes, &c.

Chapeaux de soie, de castor, &c., et surtout un riche assortiment de Chapeaux de Livourne, de paille, &c., pour enfants.

10 mai   T. BOUCHER.

ETABLISSEMENT

DE

3ᵉ partie

D'HORRIBLES CATASTROPHES

LA MINERVE.

Jeudi Soir, 29 Mai 1845.

TERRIBLE INCENDIE.—*La moitié de la ville de Québec en cendre.*—Le steamboat *Queen* arrivé ce matin un peu après 11 heures, nous a apporté l'affligeante nouvelle de la destruction par le feu de la moitié de la ville de Québec. Nous disons la moitié, mais peut-être qu'à l'heure où nous écrivons, toute la ville a été détruite, car au départ du steamboat, hier soir à 5 heures, le feu était encore dans sa plus grande fureur, et cependant deux faubourgs, ceux de St. Roch et de St. Vallier étaient réduits en cendre.

DES INCENDIES
SPECTACULAIRES

LE MONT BELŒIL FLAMBE

En lisant l'édition du 13 mai 1833, la population eut
sûrement une pensée pour les gens de Belœil, car leur
« montagne a été en feu pendant plusieurs jours ». Ce
terrible « incendie s'est manifesté le jeudi et le vent
qui soufflait avec violence l'a propagé avec rapidité ».
Les dommages furent importants : « Le feu a continué
de consumer tous les bois qui couvrent la cime de la
montagne ; c'est une grande perte tant à cause du bois
qui est consumé qu'à cause de la quantité des sucreries
qui ont été détruites. » Selon des témoignages, « on attribue ce malheur à l'imprudence de quelques enfants qui
auraient mis le feu à une cabane des sucriers ».

DES VAUTOURS EN PROFITENT

Un incendie majeur survint à Montréal en 1833. Le
13 avril, le public prit connaissance du fait que « parmi
les personnes qui ont éprouvé des pertes à l'incendie de

mercredi dernier, se trouvent madame Sewell, veuve de feu Stephen Sewell, et ses demoiselles ». Une douleur vive fut ressentie pour ces personnes éprouvées, car « elles ont perdu tous leurs meubles et leurs effets ».

Compatissant avec les victimes, des témoins mirent le journaliste au courant de cette scène qui laisse pantois :

> Il paraît que des effets, qu'on sait avoir été sauvés, ne se trouvent plus. Il est sans doute inévitable que dans une foule aussi empressée que celle qui se porte au secours des incendiés, il ne se mêle quelques personnes dont l'unique but est le pillage. On a aussi remarqué quelques gens du peuple qui s'empressaient de boire les bouteilles de vin à mesure qu'on les sortait du cellier, et en cassaient le goulot avec une dextérité remarquable.

Cette dame sinistrée, Jane Caldwell, avait épousé Stephen Sewell le 18 juin 1801, à Montréal. Cet avocat et politicien décéda quelques mois avant l'incendie, soit le 21 juin 1832 [17].

TROIS MORTS AU QUAI DE CHAMBLY

« Nous avons à déplorer un accident funeste qui vient de peser sur de dignes compatriotes, une perte considérable », s'exprimait un journaliste, le lundi 11 juillet 1836. Voici comment débuta cette tragédie :

> Samedi soir, vers onze heures, un incendie se déclara à bord de *l'Union Canadienne*, qui était

accosté au quai dans le bassin de Chambly. Le steamboat était arrivé à 6 heures et on attribue cet incendie à l'introduction de quelques étincelles dans les baux du bâtiment, qui auraient causé plus tard le feu. Tout l'équipage se reposait des fatigues du voyage, à l'exception d'un matelot qui faisait le quart. L'odeur de la fumée réveilla le capitaine Chenier qui s'empressa de voler sur le pont où il trouva son matelot tout épeuré, cherchant à éteindre le feu. Dans un instant, l'incendie éclata sur tous les points et on ne songea plus qu'à se sauver et à éveiller les personnes à bord.

Trois passagers y perdirent la vie. George Barthelemy, garçon de chambre, « n'a pu s'échapper et a été étouffé par la fumée et brûlé par les flammes dans la chambre des dames ». Barthelemy était né en Allemagne et avait cinquante ans. Le feu fut si intense qu'on retrouva dans les décombres seulement « ses ossements et un morceau de l'épine dorsale ».

Originaires de Sorel, Madeleine Holmes, 50 ans, et sa petite fille, âgée de six ans, « se jetèrent à l'eau au milieu du trouble et de la confusion générale et périrent sans que personne s'en aperçût sur le moment ». En plus des pertes de vies, on précisa « qu'une somme de 50 livres en billets de la Banque du Peuple est devenue la proie des flammes ».

Le propriétaire de ce navire devait jouir d'une solide réputation, car le journaliste termina son reportage par ces propos élogieux :

Nous n'avons que le temps d'ajouter combien nous sommes sensibles à la mort des malheureuses victimes de l'accident en question et combien aussi nous sympathisons avec le capitaine Chenier et ses associés sur la perte qu'ils viennent d'éprouver. Tout le monde connaît l'activité du capitaine Chenier et nous souhaitons que ses vœux soient bientôt réalisés par la construction d'un nouveau steamboat où il y aura encore occasion de déployer l'industrie, le zèle et l'urbanité qui le rendent si recommandable et si digne de l'encouragement du public.

VICTIMES D'UNE VENGEANCE

« Le malheur s'attache à messieurs Hilton et Baird, car ils sont passés par trois incendies depuis environ quatre mois », apprirent les Montréalais, le jeudi 16 février 1843. On donna une description des pertes :

Lundi soir, vers 8 heures, le feu fut aperçu dans la nouvelle boutique qu'ils occupaient dans la rue Craig, derrière la demeure de Généreux Pelletier, de la Banque du Peuple, et elle fut consumée en peu d'instants. Les maisons adjacentes, construites en bois, coururent un grand danger, mais elles furent protégées par les efforts des pompiers, qui en cette occasion, comme dans d'autres, déployèrent beaucoup de courage et d'activité.

Dans son reportage, le journaliste mentionna que « Hilton et Baird pensent avec raison que ces accidents sont les faits d'incendiaires qui exercent contre eux quelque vengeance personnelle », et les deux associés offrirent une récompense de 100 livres à qui mettrait la main au collet des coupables.

Un fumeur détruit le quartier

Le jeudi 12 octobre 1843, on fit savoir qu'une grande tragédie était survenue à Québec : « Le quartier du Palais, un des plus commerçants et des mieux bâtis de Québec, a été dévasté dans la nuit de samedi à dimanche par l'incendie le plus destructeur qui ait eu lieu en cette ville. » Le désastre fut d'une grande ampleur : « Plus de cinquante maisons et autres bâtiments, y compris un ancien monument français, le palais de l'intendant, qui avait donné son nom à ce quartier, sont devenus la proie des flammes. » Voici les faits sur ce désastre :

> Le feu éclata entre neuf et dix heures dans un hangar attenant à l'une des maisons de M. Louis Simard, à l'encoignure des rues Lacroix et Saint-Paul, en face du marché, où il fut mis par un fumeur, dit-on, à du foin qui y était entassé. En très peu de temps, malgré les secours trop mal concertés de la troupe et des pompiers, les flammes, activées par un fort vent du nord-est, avaient envahi tout le quartier, y compris entre les rues Saint-Vallier, Saint-Paul et depuis la rue Lacroix jusqu'au parc.

Deux pompiers... pyromanes !

Une révélation incroyable fut dévoilée aux Montréalais le lundi 4 décembre 1848 : « Deux individus du nom de McGuire et Johnston, tous deux pompiers dans la compagnie du *Protector*, ont été arrêtés vendredi sur accusations d'être les auteurs des derniers incendies qui ont désolé notre ville. » Ces deux lurons incendiaires furent dénoncés par leurs confrères :

> Ils ont été envoyés en prison en attendant qu'ils soient interrogés. Si on en croit la déposition de l'un de leurs confrères pompiers, il paraît que ces deux industriels [mot péjoratif désignant à l'époque une personne imaginant et faisant des mauvais coups] de nouvelle espèce mettaient le feu aux propriétés afin de recevoir leur paye non seulement comme pompier, mais pour obtenir la prime qui est accordée au premier arrivé à la pompe au moment où l'alarme est donnée. Si ces faits sont prouvés, ils recevront sans doute une autre « récompense », proportionnée à leur forfait.

Boucherville et La Prairie brûlent

L'incendie du village de Boucherville fit l'objet d'un long reportage publié le jeudi 22 juin 1843. « C'est la destruction par le feu de plus de la moitié du beau village de Boucherville », écrivait un journaliste consterné, ajoutant que « cette terrible catastrophe a causé une vive sensation dans le pays ». Bilan de cette énorme affaire : « On calcule que pas moins de 150 familles étaient logées dans les 60 maisons incendiées, ce qui formerait le nombre de 400 êtres humains qui se trouveraient maintenant absolument sans asile.»

Dépêché sur les lieux le lendemain, le journaliste reconstitua ainsi les événements :

Mardi, vers 5 heures de l'après-midi, environ 20 minutes après l'arrivée du nouveau steamboat *Saint-Louis*, le feu se déclara à la couverture d'un hangar situé en arrière de la maison de Mme Weilbrenner. Toutes les personnes qui se trouvaient sur les lieux s'y portèrent en foule et firent tous leurs efforts pour l'éteindre, mais l'absence totale de pompe à feu, le manque d'expérience et de sang froid dans pareilles occasions, et plus encore, le vent qui soufflait avec force, firent qu'il fut impossible d'arrêter les progrès des flammes. Elles se propagèrent d'une manière si effrayante et si rapide que plusieurs édifices environnants s'en trouvèrent en peu d'instants enveloppés.

Alors, plus d'espoir d'arracher à l'élément destructeur la partie à l'est du village qui se trouvait sous le vent. Les flammes se propagèrent avec tant de force qu'elles atteignirent bientôt la maison d'école puis le couvent, puis enfin la belle et grande église qui faisait l'ornement du village. C'est alors que le découragement et le désespoir se mirent dans les rangs de cette paisible population. Son premier soin fut cependant d'arracher aux flammes tous les ornements et les vases sacrés. Tout ce qui était

portatif dans le temple fut heureusement sauvé
[…].

Des tourbillons de flammes étaient lancés dans
toutes les directions et on craignit longtemps que
le feu ne se communiquât aux parties ouest et sud
du village. La divine Providence assigna enfin des
bornes à cette scène de destruction. Le feu s'arrêta
à la maison de M. Lacoste, sur la rue du fleuve et
les seules maisons qui sont demeurées intactes
sur cette rue sont celles de messieurs Lacoste,
Delisle, Vigneau, T. de Boucherville, le docteur
Weilbrenner, De Lery et De Boucherville.

Heureusement que le presbytère, qui ne se
trouvait pourtant qu'à une petite distance de
l'église, mais au nord, fut sauvé comme par
miracle. La grande croix du cimetière et un petit
édifice, qui se trouvait aussi dans le cimetière, ne
furent pas atteints par des flammes. Le feu était
pourtant si ardent par la quantité de bois qui se
trouvait dans la construction de l'église que l'une
des cloches fut entièrement fondue ; l'autre tomba
avec fracas et fut brisée en plusieurs morceaux.
La belle maison en pierre à deux étages, bâtie par
feu messire Tableau, fut aussi épargnée.

Le brasier fut si important « que le feu fut aperçu de
bonne heure de Montréal, et bientôt tous nos quais se
sont remplis d'une foule de curieux qui ne pouvaient
former que des vœux en faveur des pauvres incendiés ».
Le maire de Montréal, Joseph Bourret, rassembla des
volontaires pour aller porter secours, mais « avant que

tous les préparatifs fussent achevés et qu'une autre compagnie de pompiers fut rassemblée, il était déjà huit heures trois quarts lorsque le steamboat laissa le quai », dans le port de Montréal. Cette aide s'avéra toutefois pertinente : « Ce secours, quoique tardif, fut d'une grande utilité pour éteindre le feu qui brûlait dans les décombres ; car si le vent eut changé de direction, les tisons qui auraient été portés dans l'autre direction auraient pu mettre le feu à ce qui restait de maison dans le village. »

Dans toutes les régions du pays, on fut attristé du malheur éprouvé par les victimes et « on a vu que des assemblées, dans le but de leur fournir des secours, se sont organisées depuis Kingston jusqu'à Québec, où des sommes considérables ont été souscrites » et « les habitants des paroisses environnantes se sont aussi distingués par la quantité de provisions de toutes sortes qu'ils ont portées sur les lieux pour secourir les pauvres ». L'événement modifia même le déroulement des festivités de notre fête nationale. À cette époque, à Montréal, la tradition était d'organiser, le 24 juin, un grand banquet pour célébrer la Saint-Jean-Baptiste. En signe de solidarité, on relata, le vendredi 30 juin 1843, « que le dîner qui devait avoir lieu au grand salon de l'hôtel Nelson a été contremandé afin de faciliter la souscription qui se faisait en faveur de ceux qui ont tout perdu par l'incendie du village de Boucherville ».

La complète destruction du village de La Prairie fut un drame identique à celui de Boucherville. Le jeudi 6 août 1846, le pays fut sous le choc d'apprendre que « le beau et florissant village de La Prairie est en cendres et quelques heures ont suffi pour accomplir cet acte de destruction et la ruine totale d'un grand nombre de familles ». S'étant déclaré dans une forge, un fort vent du sud-ouest propagea le feu partout. Plus de 150 maisons furent détruites :

> Il ne reste maintenant de tous ces beaux et vastes édifices que quinze à vingt maisons dispersées ici et là. Tout le milieu du village n'offre plus qu'un immense monceau de ruines. Parmi les édifices qui ont échappé aux flammes se trouvent l'église catholique, le couvent, le magasin de M. Gariépy, la maison et le moulin de la succession Plante, l'ancien hôtel Duclos et quelques autres petites maisons le long du fleuve.

Québec en cendres

L'année de 1845 restera mémorable dans l'histoire de la ville de Québec : l'incendie du 28 mai et celui du 28 juin détruisirent en grande partie notre capitale nationale.

Dans le cas du premier incendie, le *Journal* fut informé de cette horreur par une dépêche livrée par bateau, arrivant de Québec, le matin du 29 mai. Publiant la nouvelle intitulée *Terrible incendie, la moitié de la ville de Québec en cendres*, on précisa que « le steamboat *Queen* arrivé ce matin un peu après 11 heures nous a apporté l'affligeante nouvelle de la destruction par le feu de la moitié de la ville de Québec ».

De nombreux articles publiés donnèrent une idée de l'ampleur du désastre qui rasa tout dans les faubourgs Saint-Roch et Saint-Jean ainsi que dans le secteur de la côte du Palais :

> Nous ne pouvons pas dire au juste le nombre de maisons brûlées, mais on l'estime approximativement à douze cents. La perte, tant en immeubles qu'en meubles, marchandises, outils d'artisans, animaux, bois de construction, etc., est incalculable. Il n'y a probablement pas moins de 12 000 individus sans logement. Le nombre de ceux qui ont péri dans les flammes est inconnu, mais il est à craindre qu'il ne soit affreusement grand.

« Le feu éclata dans la tannerie de Richardson, faubourg Saint-Roch, vers les onze heures et demie », affirmèrent des témoins. Dans des lettres publiées dans le *Journal* par des lecteurs, on confirma que la destruction fut rapide et intense : « Saint-Roch n'existe plus, l'incendie l'a détruit dans l'espace de trois heures [...]. Le vent a porté les étincelles sur divers points à la fois de sorte qu'en un clin d'œil tout le vaste faubourg Saint-Roch présentait une mer de feu. » Ce brasier dut effectivement être monstrueux, car « le jour du grand incendie, des habitants de l'île d'Orléans purent allumer leurs pipes avec des tisons que le vent y transporta de Québec », révélèrent des témoins, le lundi 9 juin 1845, et « les habitations des paroisses Saint-Pierre et Saint-Laurent coururent d'assez grands dangers, le feu ayant pris en plusieurs endroits ».

Un mois plus tard, soit le jeudi 3 juillet 1845, on annonçait qu'un second incendie majeur venait de se produire à Québec le 28 juin. « Un autre tiers de Québec en cendres ! », titra le *Journal*.

Cette fois, le sinistre eut lieu dans la Haute-Ville, dans les faubourgs Saint-Jean et Saint-Louis. Tout brûla dans cette partie de la ville où sont situées, entre autres, les rues Saint-Olivier, Latourelle, Sainte-Geneviève, Richelieu, D'Aiguillon et Saint-Jean. « Le nombre de maisons détruites par cet incendie est au moins de quatorze cents », précisa-t-on. Des citoyens purent d'ailleurs établir l'origine de la catastrophe : « Samedi dans la nuit, vers les onze heures et demie, le feu prit à un hangar appartenant à M. Michel Tessier, notaire, rue d'Aiguillon, faubourg Saint-Jean, en arrière de l'école des Frères. »

Le brasier fut si imposant que des voyageurs ont affirmé en avoir vu des signes alors qu'ils se trouvaient dans la région de Trois-Rivières : « Les horreurs en ont été rendues plus visibles par une nuit plus obscure et l'ont été tellement que des passagers à bord d'un bateau à vapeur, qui descendait de Montréal à Québec, en ont vu la lueur au port Saint-François, dans le lac Saint-Pierre, à 111 milles d'ici, et on a cru que c'était la ville de Trois-Rivières, à 90 milles plus haut, qui brûlait. »

L'INCENDIE DU 28 MAI 1845 À QUÉBEC

Le mercredi 4 juin 1845, le *Journal* publia le nombre des maisons incendiées dans chacun des faubourgs, donnant ainsi une idée précise du territoire urbain qui fut alors détruit.

Faubourg Saint-Jean
RUE

Saint-Eustache 7

Saint-Georges 27

Saint-Olivier 19

Saint-Augustin 5

Faubourg Saint-Roch
RUE

De la Couronne 12

De l'Église 47

Sainte-Anne 94

Craig 81

Grant 103

Saint Dominique 4

Saint-Roch 42

Sainte-Magdeleine 14

Saint-Pierre 9

Saint-Vallier 152

Fleurie 93

Des Prairies 65

Sainte-Marguerite 95

Desfossés 157

Saint-Joseph 153

Saint-François . . . ˋ 67

Du Roi 61

Richardson 38

De la Reine 39

Sainte-Hélène 15

Octave 16

Du Prince Édouard 9

Laberge 6

Basse-ville
RUE
Côte du Palais 5

Saint-Charles 42

Saint-Paul 31

Henderson 16

Ramsay 1

Saint-Nicolas 19

Lacroix 10

De l'Ancien Chantier 6

De la Canoterie 5

Du Marché 3

De l'Assurance 2

Ce drame a plongé des milliers de citoyens dans une situation désespérante : « En effet, les habitants du quartier Saint-Roch, qui, chassés de chez eux par l'incendie du 28 mai, s'étaient pour la plupart réfugiés chez ceux du quartier Saint-Jean [...] se voient de nouveau privés d'abri et d'asile, en même temps que les généreux hôtes qui les avaient accueillis, et, dans bien des cas, vêtus et nourris pendant un mois. » En tenant compte des deux incendies, ce fut « maintenant plus de 18 000 personnes sans logement ». Dans une ville devenue sens dessus dessous, on tenta d'organiser les secours :

Depuis ce matin, on n'a cessé de distribuer des secours pécuniaires aux victimes. La multitude qui se porte d'un air triste vers le lieu de distribution est immense, toutes les avenues de la maison du parlement en sont assiégées [le parlement était alors construit sur le terrain du parc Montmorency, au début de la rue Des Remparts]. La salle des séances même est remplie de familles qui y sont réfugiées. Plus de cent tentes sont dressées dans les camps en dehors de la porte Saint-Louis, où sont abritées autant de familles. La chapelle du cimetière des Plaines d'Abraham, édifice assez vaste, est convertie en asile pour ces malheureux [...]. Le nombre d'individus auxquels on distribua des vivres fut de 4 800 ou 1 100 familles. De ces 1 100, 150 se préparaient à aller dans les paroisses aux environs de Québec, 340 sont réfugiées dans la partie de Saint-Roch qui a échappé au feu, 300 occupant les maisons restées dans le faubourg Saint-Louis, 200 ont été reçues par les citoyens de la Haute et de la Basse-Ville et 110 sont sous les tentes aux casernes.

Le lundi 7 juillet 1845, le *Journal* publia un bilan intitulé *Deux tiers de Québec en cendres* :

> La population totale de Québec lors du recensement de 1844 était de 32 876 individus. Sur ce nombre, les quartiers brûlés en contenaient 20 157, à savoir : le quartier Saint-Jean 9 012, et le quartier Saint-Roch 11 145, de sorte que les quatre autres quartiers (Saint-Louis, du Palais, Saint-Pierre et Champlain) n'en contenaient ensemble que 12 719, ou un peu plus du tiers. Et comme le peu qui reste des quartiers Saint-Roch et Saint-Jean est compensé par ce qui a été détruit du quartier Saint-Pierre le 28 mai, nous n'étions pas loin de la vérité en disant que les deux tiers de Québec étaient en cendres.

DES CATASTROPHES NATURELLES

TOUS TUÉS PAR LA FOUDRE

Le jeudi 26 juin 1828, un article était publié sur un malheur venant d'éprouver une famille de La Prairie : « Mardi dernier, entre trois et quatre heures de l'après-midi, le tonnerre tomba dans la cheminée d'une maison occupée par un nommé Pigeon, ferblantier au village de La Prairie. » Ce fut un événement touchant, car « un petit garçon d'environ trois ans, qui était assis au coin de la cheminée, tomba mort». On s'expliqua le décès ainsi : «Il paraît qu'étant à proximité d'où le tonnerre a fait son chemin, il fut étouffé par l'air, quelques moments après le coup, ses lèvres et son estomac devinrent extrêmement noirs.»

Le jeudi 27 août 1829, on annonça cette fois qu'une jeune femme de Lachenaie avait connu une fin tragique quand un violent orage éclata le lundi précédent :

> Une jeune personne de 18 ans, mademoiselle Priscille Gratton, fille de M. Louis Gratton, était occupée dans la maison. Voulant examiner le temps, elle s'approcha d'une porte ouverte, et aussitôt la foudre l'étendit morte. Le fluide électrique est descendu le long d'une cheminée, qu'il a endommagée, et a percé un des souliers de Mlle Gratton. Elle a reçu une marque légère sur une épaule. Cette jeune demoiselle était universellement estimée et elle laisse une foule d'amis et un père âgé de 78 ans pour déplorer sa triste fin.

Le lundi 25 septembre 1843, dans la paroisse des Écores [à Laval], trois enfants furent brutalement tués par la foudre. Des témoins racontèrent «qu'ils furent tous trois surpris par l'orage dans un champ, et ils eurent l'imprudence de se réfugier sous des arbres où ils trouvèrent la mort». Le journaliste profita de ce malheur pour indiquer des consignes de prudence en cas d'orage : «Quand s'abstiendra-t-on dans nos campagnes de se mettre à l'abri de la pluie sous des arbres par des temps d'orages ? Il ne se passe pas d'année que de semblables accidents n'arrivent en ce pays et on n'y fait pas attention.»

Le lundi 28 juin 1852, la famille Paquin, habitant près du village de Sainte-Monique, dans le comté de Nicolet, vécut une expérience horrible quand la foudre tomba sur leur maison et tua «leur fille de six ans qui se trouvait devant la cheminée». L'expérience fut si rocambolesque que ces gens ont dû certainement croire que c'était la fin du monde :

> La décharge de l'électricité fut tellement forte qu'elle renversa un poêle monté près de la cheminée, tua un chien qui était couché sous la chaise qu'occupait à ce moment le maître de la maison, un nommé Paquin, qui en reçut une commotion très violente, brisa la couchette sur laquelle était une femme malade, troua le plancher à plusieurs endroits et brisa les lambourdes. La femme, malade depuis quatre jours, se trouva debout et alla au secours d'un enfant qui avait le bras pris sous une plaque du poêle et sortit dehors, à la pluie avec son petit enfant dans les bras. Elle n'eut aucun mal elle-même, outre l'extrême douleur de voir sa petite fille morte et son mari fortement électrisé.

Ils n'ont plus rien

La vie d'une paisible famille bascula complètement quand «dans la nuit de lundi, le tonnerre est tombé sur la grange du dénommé Danis Robert, de la paroisse de Saint-Philippe», révéla un journaliste, le jeudi 26 août 1830. Sans assurances, leurs pertes furent catastrophiques, car la grange contenait «2 700 gerbes de blé, 1 200 bottes de foin et une quantité d'instruments d'agriculture qui ont été la proie des flammes».

« Ce Robert est généralement estimé et comme il se trouvait entièrement ruiné par cet accident », le *Journal* spécifia que « les habitants de Saint-Philippe et des environs sont aussitôt venus de l'avant pour le mettre en état de soutenir sa famille ». Leurs concitoyens furent généreux : « Mardi, les dons se montaient déjà à 600 gerbes de blé et la souscription continue afin de lui rétablir sa grange. »

Ce violent orage causa beaucoup de dommages dans plusieurs autres régions. Par exemple, des témoins confirmèrent au *Journal* que les passagers du *Richelieu* [naviguant sur le fleuve] « virent en descendant une grange et d'autres bâtisses en feu à Lotbinière, et on supposait que le tonnerre y était tombé ».

Glissement de terrain à Rigaud

Les lecteurs furent touchés d'apprendre, le jeudi 28 octobre 1830, que « sur le bord méridional de la rivière Graisse, dans la seigneurie de Rigaud, à une petite lieue de l'église Sainte-Magdeleine, il était arrivé un accident qui a laissé aux habitants du voisinage des impressions qui ne s'effaceront de longtemps ». Lors d'un important glissement de terrain, deux personnes disparurent.

De nombreux témoins racontèrent le cauchemar vécu :

Le dimanche, 10 mai 1829, vers une heure de l'après-midi, François Sabourin, sa femme et un enfant goûtaient le plaisir de la conversation après le repas lorsque, tout à coup, la famille fut alarmée par une secousse terrible de la maison où ils étaient, bâtie à environ trente toises de la côte. En un instant, cette maison s'abîma en se renversant sur un de ses pans.

François Leblanc, fils, et sa mère, furent les premiers qui sortirent de la maison pour se sauver, mais en voulant passer au-delà d'une profonde crevasse, ils y tombèrent et y furent engloutis à une profondeur considérable ; et la fente se referma aussitôt sur eux.

Tout fut tenté pour retrouver les disparus, mais « ce fut en vain qu'on essaya par des renversements et des fouilles laborieuses à déterrer les deux malheureuses victimes : dans cette terre nouvellement éboulée, les excavations se remplissaient à mesure par de nouveaux éboulements ». Plus chanceuse, « la femme de Sabourin, en se sauvant, fut enterrée jusqu'à mi-corps, et ne fut tirée de sa situation périlleuse qu'avec beaucoup de peine ».

Après avoir englouti deux vies humaines, l'endroit n'offrait plus qu'un décor de désolation :

La scène, quoiqu'un peu changée par l'affaissement des terres et par les pluies qui sont survenues, offre encore un spectacle effrayant, et qui fait naître dans l'âme des émotions dont on ne peut se défendre. L'éboulement couvre un espace d'environ dix arpents en superficie. On aperçoit d'abord la rivière Graisse qui s'est creusé un nouveau lit, qu'elle descend rapidement par de petites chutes, à un peu moins de trois arpents de son ancien lit.

Une tragédie similaire se passa le long de la rivière Yamaska, en 1851. Le jeudi 17 avril, le *Journal* lança la nouvelle :

Un éboulement considérable d'à peu près 72 arpents de terre en superficie est arrivé sur les bords de la rivière Yamaska, à cinq milles du village de Saint-Aimé, dans la nuit. Le 8 du même mois, trois maisons avec les dépendances furent entraînées dans la rivière. Une femme et ses deux enfants périrent avec tous les animaux ; et l'époux de cette femme eut une telle frayeur qu'il en est resté dans un état d'égarement complet [...].

Les habitants des environs ont perdu de 3 000 à 4 000 cordes de bois, et ceux de la rivière Salvail, qui se trouve près de là, en ont perdu autant ; de sorte que les pauvres individus, qui comptaient sur leur labeur de tout ce dur hiver, ont tout perdu.

Des inondations et des débâcles

En 1831, la crue des eaux du fleuve et les glaces causèrent d'importants dégâts dans le secteur actuel du Vieux-Montréal. Le lundi 4 avril, un journaliste décrivit la scène :

Hier, la glace du fleuve commença à se mouvoir [...]. Il s'en suivit immédiatement une crue des eaux, et en quelques heures toute la Pointe-à-Callières et le faubourg Sainte-Anne étaient inondés. La plus grande partie de la rue Saint-Paul et Saint-Pierre, au sud de ce bureau [celui du *Journal*], était couverte d'eau ; l'épaisseur allait à la jonction des rues Saint-Paul et Saint-Pierre, jusqu'au moyeu des roues des charrettes. Cette inondation soudaine doit causer un tort très sérieux aux marchandises emmagasinées et exposer aussi un nombre considérable de familles particulières à de grands inconvénients. La glace s'est portée avec tant de violence contre la partie de la distillerie de David Handyside, qui avoisine le fleuve, qu'elle l'a démolie [...]. On rapporte que le pont sur la petite rivière à l'est de la rue McGill a reçu du dommage. Une personne qui est montée hier sur la montagne de Montréal dit que la vallée entière du Saint-Laurent, en certains endroits, jusqu'à quelques milles de ses rives, présente l'aspect d'un grand lac.

Dans le même reportage, on rapporta aussi que la débâcle printanière causa beaucoup de dommages dans d'autres localités :

Jeudi soir, la glace en refoulant a enlevé l'éperon et une partie du moulin à farine de M. Dumont, à Saint-Eustache. Un des pignons a été enfoncé par la violence des glaces. De l'autre côté de la rivière du Chène, un moulin à scie appartenant aussi à M. Dumont a été rasé en entier, tellement qu'il ne reste plus de vestiges. Son pont a aussi beaucoup souffert de la débâcle et il aura besoin de fortes réparations.

Fatigué de subir les inconvénients de la crue printanière des eaux du fleuve, un bon citoyen de La Prairie fit publier une lettre dans le *Journal*, le jeudi 7 avril 1831, pour demander au gouvernement d'allouer des fonds pour enfin « élever autour du village une chaussée qui pût au moins le garantir de l'eau » :

> L'inondation dont nous éprouvons les ravages n'est pas particulière à cet endroit : Montréal, Longueuil, Boucherville, Contrecœur et plusieurs autres paroisses de chaque côté et dans toute la longueur du fleuve y sont exposées. Mais dans aucun de ces lieux, l'eau ne s'élève à une aussi grande hauteur qu'à La Prairie, ni ne couvre un aussi vaste terrain […]. Pour moi qui ne suis pas né à La Prairie, et qui n'y suis même fixé que depuis peu, j'avoue que je ne puis voir sans serrement de cœur l'eau se répandre en torrent et faire disparaître des champs de plus d'une lieue et demie de surface, s'élever jusqu'à huit à dix pieds et ne laisser à sec sur la hauteur où est bâti le village qu'une vingtaine de propriétés. Et comment des entrailles humaines ne s'émouvraient-elles pas en voyant des familles entières, des vieillards, de faibles femmes, de tendres enfants dans les eaux glacées du printemps et de l'automne, se rendre demi-morts de froid et de crainte dans les lieux que le cruel élément n'a pas encore couverts ?

Quant aux citoyens de Québec, ils ne seront pas surpris d'apprendre que des inondations printanières faisaient aussi beaucoup de dégâts à l'époque dans le secteur de la rue Saint-Pierre, car ce phénomène se répète de nos jours en cet endroit de la ville. Le lundi 24 mars 1851, on décrivit la scène :

> Une tempête furieuse a soufflé pendant la nuit dernière et les eaux se sont élevées à une hauteur qu'elles n'avaient pas atteinte depuis vingt ans. La rue Saint-Pierre a été inondée et l'eau a causé des dommages considérables dans les magasins entre cette rue et le fleuve. M. Noad, entre autres, a eu 300 barils de farine avariés. M. Donald Fraser, 5 boucaults [barils] de sucre et messieurs Gibb et Ross, une grande quantité de sucre et de farine. Les chantiers de construction de Saint-Roch ont été aussi envahis par les eaux.

> Le fil du télégraphe électrique entre la Citadelle et la Pointe-Lévis, qui n'avait été tendu que depuis quelques jours, a été cassé par la force du vent. Nous apprenons qu'on s'est décidé à le faire passer au Cap-Rouge, où le fleuve est beaucoup plus étroit.

DES TREMBLEMENTS DE TERRE

Le *Journal* publia des reportages sur les tremblements de terre qui eurent lieu en septembre 1829, en février 1837 et un autre en janvier 1831, mais aucun d'eux n'égala la puissance de celui survenu le matin du lundi 7 novembre 1842. Des témoins firent parvenir une lettre au *Journal* pour décrire les frayeurs ressenties : « Je vous écris à la hâte pour vous informer que notre village vient d'être le théâtre d'un tremblement de terre assez considérable » et « le tremblement fut si fort que les meubles

se heurtèrent le long des murailles et des cloisons »,
communiqua un abonné demeurant à Varennes.

À Trois-Rivières, des paroissiens subirent le choc alors
qu'ils étaient à l'église. Dans l'édition du 14 novembre,
un témoin raconta sa mésaventure :

> J'assistais au mariage de nos amis, Louis Gonzague
> Duval, avocat et secrétaire de la Commission d'en-
> quête sur la tenure seigneuriale, avec mademoiselle
> Élizabeth Esther Pacaud, troisième fille de feu
> Joseph Pacaud [...]. Et le tremblement de terre a
> commencé, agitant les murs de l'église et faisant
> craquer la voûte d'une manière surprenante. Je
> pensais que les murs allaient s'écrouler et la voûte
> tomber sur nos têtes.

> L'église était remplie de monde. Je ne puis vous
> exprimer la confusion qui y a régné tout à coup.
> Des pleurs, des cris, les femmes s'évanouissaient,
> les enfants poussaient des cris de désespoir, les
> hommes criaient à tue-tête "Sortons, l'église
> s'écroule!". En descendant la nef, je ramassai trois
> femmes étendues par terre et foulées au pied par la
> foule, mais elles étaient tellement effrayées qu'elles
> ne pouvaient se tenir debout. Le coq sur le clocher
> de l'église était agité comme par un vent violent et
> j'ai vu s'agiter l'édifice de l'église [...]. La secousse
> a été forte aux forges Saint-Maurice, à Yamachiche,
> à la Pointe-du-Lac ; beaucoup de personnes ont
> vu l'eau s'agiter sur le fleuve. Bécancour, Nicolet
> et Saint-Grégoire ont ressenti encore davantage la
> secousse.

Lors du même événement, un autre témoin corrobora que «des secousses de tremblement de terre se sont fait sentir dans le village de Nicolet»:

> Aussi peu accoutumés que nous le sommes à ces écarts des lois de la nature, nous en fûmes aussi surpris qu'effrayés. À la vérité, la commotion fut une des plus fortes qui se soit fait sentir ici depuis longtemps; et des personnes âgées du lieu disent qu'elles n'en ont jamais vu de semblables [...]. Des piliers verticaux dans les maisons subirent des oscillations de 6 à 8 pouces.

> Le Séminaire lui-même, malgré l'aplomb de son énorme volume, en fut ébranlé dans toutes ses parties [...]. Des personnes occupées dans les champs nous ont dit avoir entendu des craquements souterrains effroyables et qu'elles croyaient à chaque instant voir la terre s'entrouvrir sous leurs pieds et les engloutir dans ses abîmes.

UNE TEMPÊTE MAJEURE AU QUÉBEC

En juillet 1843, les citoyens de plusieurs régions du Québec furent éberlués de voir l'intensité de cette tempête estivale. «Le feu, l'eau, le vent, la grêle, enfin tous ces éléments réunis, semblent conspirer contre le genre humain», énonçait le *Journal* dans son édition du 6 juillet, tout en spécifiant que «nous ne nous rappelons pas que le tonnerre ait causé autant de ravage en ce pays, comme il l'a fait depuis quelques jours».

On présenta un bilan des dommages observés :

> D'abord, jeudi dernier un violent orage a éclaté au-dessus de la paroisse de la rivière du Loup [ancien nom de Louiseville], accompagné d'éclairs et de tonnerre dont on n'a pas d'exemple de mémoire d'homme. La foudre communiqua le feu à plusieurs édifices et particulièrement à une grange de M. L. Lambert, qui fut entièrement consumée. À peu près 20 maisons ont été abattues par le vent à la Carrière.
>
> Un violent orage a aussi éclaté dans plusieurs parties du district de Montréal. À Sainte-Rose et les places environnantes, la pluie tomba par torrent, accompagnée d'une grêle et d'un vent qui causèrent beaucoup de dommages.
>
> Le même orage se fit sentir aussi à l'est du fleuve et particulièrement dans la rivière Chambly. Plusieurs granges ont été abattues et les débris portés à une grande distance, particulièrement à Saint-Charles et à Sainte-Marie, ainsi qu'à Saint-Édouard. On ne compte pas moins de 23 édifices rasés par le vent à Sainte-Marie. Une grange a été brûlée par le tonnerre à Saint-Hilaire.
>
> Mais ce qu'il y a de plus pénible à annoncer, c'est que plusieurs individus ont été tués par la foudre. À Sherrington, trois hommes en furent frappés, deux ont expiré immédiatement après le coup et le troisième fut dangereusement blessé.

À Saint-Antoine, le même jour, cinq enfants étaient dans une prairie à ramasser des fraises lorsque le tonnerre les frappa, et deux restèrent morts sur le champ.

À Saint-Ours, la foudre communiqua le feu à une grange qui fut entièrement consumée.

À Rawdon, plusieurs édifices ont été emportés par l'ouragan et les grains ont beaucoup souffert.

La région de Québec ne fut pas épargnée non plus et, le 10 juillet suivant, on publiait un bilan produit par le journal *Le Canadien* :

L'ouragan de dimanche dernier a causé bien des accidents et des dégâts tant à Québec et aux environs que dans les campagnes éloignées. Un homme du nom de Flamand, qui traversait de la Pointe-Lévis en chaloupe, avec sa femme et onze autres personnes, en voulant saisir le mât que le vent emportait avec la voile, fut entraîné par-dessus bord et se noya.

Partout des arbres, et des plus gros, ont été brisés ou déracinés, des bâtiments découverts ou renversés. On compte à Saint-Augustin 1 bâtiment renversé, 8 à Lorette, 6 à la Petite-Rivière, 2 à Charlesbourg, 22 dans l'île d'Orléans, 1 à la Pointe-Lévis, 2 à Saint-Gervais, 4 à Lotbinière, de 20 à 30 à Saint-Joachim et 2 à Sainte-Anne.

Encore une fois, les citoyens de Québec ne seront pas étonnés d'apprendre que des éboulis de roches et de plaques de terre survinrent dans le cap Diamant, une scène familière depuis la fondation de la ville en 1608. Le jeudi 2 mai 1850, on rapporta ceci :

> Avant-hier, le terrain sur lequel était une des maisons à deux étages de M. Gilmour, à l'anse des Mères, s'est éboulé et a renversé la maison. Le craquement des murs et des cloisons alarma ceux qui s'y trouvaient et leur donna le temps de se sauver.

> Une masse de rochers, du poids d'environ cinq tonneaux, s'est détachée le même jour du cap et est entrée par derrière dans une maison de la rue Champlain, près de la chapelle des Marins. Il n'y avait dans la maison qu'une seule personne qui échappa comme par miracle.

QUEL SALE TEMPS
CET AUTOMNE !

« Ce sont les premières annonces de notre hiver, qui paraissent plus tôt que d'ordinaire. Le vent a soufflé du nord avec violence mardi. Après la pluie de lundi, il est tombé plusieurs fois dans le jour de la neige qui néanmoins disparaissait en touchant la terre. Il gela bien fort la nuit et il se forma de la glace d'environ un quart de pouce d'épaisseur. » *Le lundi 22 octobre 1827*

« Nous avons eu en cet automne ce qu'on appelle ici l'été des Sauvages, puis l'été de la Saint-Martin, mais nous ne savons quel nom donner à celui que nous avons maintenant. Après deux ou trois jours de froid, le doux temps a reparu de nouveau, mais nous ne garantissons pas sa durée. Hier, il est tombé un peu de neige, puis de la grêle qui est tournée en pluie. Nos rues sont couvertes de verglas et il s'est fait plus d'une glissade depuis hier, sans compter les faux pas […]. La glace est assez forte sur la rivière Chambly pour y permettre de traverser à pied. » *Le jeudi 3 décembre 1846*

 **ON** vient de publier et l'on vend, en GROS et en Détail, à l'Imprimerie de *LA MINERVE*, une jolie édition du **CALENDRIER** *de l'An* 1829, *pour* **MONTREAL**.

***—Il sera fait une déduction honnête à Messieurs les Marchands de la Campagne et autres qui adresseront leurs demandes pour une certaine quantité, DIRECTEMENT au bureau de LA MINERVE, No. 5, Rue St. Jean-Baptiste, près de la Congrégation, à   LUDGER DUVERNAY.

Montréal, 1 *Décembre,* 1828.

LIBRAIRIE FRANÇAISE,
T. DUFORT,
RUE ST. FRANÇOIS XAVIER.

LE Soussigné étant en possession de la totalité de la Librairie de M. Augustin Germain de Québec, de celle de Mr. I. Malo de Montréal, et de ce qu'avoient au 29 Septembre dernier Messrs. E. R. Fabre et Cie. du même lieu, en Livres de Loi, Litérature, &c. (que le dit soussigné a eu soin d'épurer de ce qui pouvoit s'y rencontrer d'immoral ou d'irréligieux,) et de plus ayant reçu de France au dessus de deux mille ouvrages nouveaux, consistant principalement en Livres de Religion, et dont partie s'ouvre dans ce moment, informe les Messieurs du Clergé, du Barreau, et le Public en général, qu'il a un fond de Librairie Française le plus étendu et le plus complet que l'on puisse trouver dans les Canadas, en fait de Livres de Religion, Loi, Médecine, &c. Litérature, Classiques Français et Etrangers, Mélanges &c. &c.

Un Catalogue des Livres est prêt à son Magasin pour l'usage des acheteurs en attendant les imprimés.

——*AUSSI,*——

Ostensoirs Superbes, Dorés et Argentés.

Chandeliers d'Acolytes, Calices, Ciboires, Encensoir et Navettes, Burettes, Bénitiers, Porte-Dieu de differentes façons Boites aux Stes.-Huiles, Cierges, &c.

Pendules de Bronze Doré, à Musique.

Ditto, do. do.   do. à Colonnes.

Candelabres do.   do.

Lampes   do.

Petites Pendules, Cachet d'Or à Musique, Boites à Musique plaquées en Or, et ditto d'Ecaille.

Une Superbe Collection de Gravures, Estampes, morceaux

Incendie. — A Huntingdon, comté de Beauharnais, mardi matin, la 7 du courant, vers deux heures, le moulin à scie de S. H. Schuyler, écr., a été entièrement consumé par le feu. Le feu prit par accident. Le moulin n'était pas assuré la perte est de £500.

Mardi soir, entre dix et onze heures, une charrette, dans laquelle étaient trois hommes, fut précipitée dans une excavation creusée pour faire un égout, dans la rue Dorchester. Le cheval fut tué du coup, et les hommes s'en échappèrent avec quelque mal. Cette excavation n'était entourée ni de clôtures ni de lanternes. Ces accidens ne sont causés que par la négligence des employés de la corporation, c'est un abus intolérable. Il n'y a que quelques semaines qu'un accident semblable est arrivé dans la rue Sherbrooke. Depuis ce temps deux autres cas du même genre sont arrivés, où la vie de plusieurs personnes a été mise en danger. Il est nécessaire que l'on mette fin à ces maux publics. Les officiers de la corporation doivent surveiller tout ce qui se fait, et par conséquent avertir les entrepreneurs des mesures à prendre pour éviter les accidens de cette sorte.

4e partie

DES ACCIDENTS MALHEUREUX

LES DANGERS DE LA ROUTE

Des conducteurs ivres

Les citoyens de Berthier furent sidérés d'apprendre, le lundi 20 septembre 1847, que leur forgeron, « du nom de Wiliam Dorrach, résidant dans les concessions de Berthier depuis quelque temps, fut laissé inanimé sur le chemin, par deux voyageurs ivres qui lui enfoncèrent deux côtes avec le timon de leur charrette ». Les auteurs de ce méfait, « sans s'inquiéter davantage de la victime qu'ils venaient d'immoler, ont échappé à la justice en s'enfuyant dans les chantiers du Haut-Canada, n'y ayant eu pour témoin qu'un individu qui ne les connaissait pas ».

Dans une autre affaire, publiée le jeudi 14 octobre 1847, ce fut le comportement d'un adulte envers des enfants qui ébranla l'opinion publique :

> Samedi le 2 octobre, comme deux enfants de P. Mercier du petit village de L'Assomption traversaient sur le pont de Repentigny, ils rencontrèrent un individu en voiture et pris de boisson qui les menaça de son fouet. L'aîné des enfants en voulant

éviter le coup fit tomber son frère dans la rivière où il disparut malgré tous les efforts qu'on fit pour le sauver. Le traversier du lieu, nommé Galarneau, témoin de l'accident, se jeta courageusement à l'eau immédiatement, mais il ne put atteindre le malheureux enfant qui avait disparu sous les flots. Ce ne fut que 20 minutes après que le corps fut retiré, mais il était trop tard pour le rappeler à la vie, les soins qui lui furent portés par le docteur Le Tourneux, qui avait été appelé, furent inutiles.

Le « mercredi de la semaine dernière, vers les 4 heures du matin, un nommé Pétrin, de Saint-Michel de Yamaska, s'est tué à Sorel en tombant de voiture », déplorait-on, le lundi 27 novembre 1848. Cet individu avait décidé de se payer une bonne cuite, mais sa bamboula se termina de façon tragique :

> Pétrin était descendu de Montréal mardi soir, dans un steamboat de Montréal, et était déjà sous l'influence de la boisson lorsqu'il débarqua à Sorel. Au lieu de partir immédiatement pour se rendre chez lui, il s'amusa la plus grande partie de la nuit dans l'auberge d'un nommé Boissette, dans le village de Sorel, à boire avec un compagnon de bouteille. À force de sollicitations, la femme de Pétrin l'engagea à laisser le *repaire* et, sur le matin, ils partirent tous deux. Pétrin commença à gourmander [malmener] son cheval, ne s'apercevant pas qu'il était mal bridé et que le mors n'était pas dans la bouche du cheval. L'animal ainsi tourmenté s'emporta et prit l'épouvante. Pétrin

tomba de voiture et mourut le même jour des suites de cette chute.

D'INCORRIGIBLES CHAUFFARDS

« Le docteur Valois, de la Pointe Claire, est dans ce moment bien malade des suites de blessures que lui a faites, lundi dernier, une voiture conduite trop rapidement », annonça un journaliste, le jeudi 19 janvier 1837. Au moment de l'accident, « il se trouvait alors près de la boutique de tabac de M. Papin, rue Saint-Paul ». Lorsqu'il allait entrer dans ce commerce, « il fut atteint et renversé violemment par le travail d'une carriole et il eut une côte enfoncée du côté droit, et reçut plusieurs contusions ». Le pauvre docteur fut victime d'un irresponsable, car « la personne qui conduisait cette voiture ne daigna seulement pas s'arrêter pour porter secours à celui qu'elle venait de blesser si grièvement et qui gisait sur le trottoir privé de l'usage de ses sens ».

Le lundi 11 janvier 1847, un journaliste se disait attristé d'écrire cette nouvelle : « Encore un accident causé par une voiture, et nous en aurons à enregistrer tant qu'on ne veillera pas à l'exécution des règlements concernant les voitures. » Rapportant les faits, le journaliste indiqua :

Aujourd'hui, vers 2 heures, un cheval prit l'épou-vante dans la rue McGill et alla se frapper contre une voiture dans laquelle se trouvait un jeune homme. Le cheval fut renversé ainsi que la voiture, et le travail frappa le jeune homme au milieu du visage et le tua sur le coup. Il fut porté à la station de police où tous les soins lui furent prodigués, mais il n'était plus temps, il avait cessé de vivre. De pareils accidents qui se renouvellent si souvent devraient, ce nous semble, attirer l'attention des autorités. Ce jeune homme se nommait Hugh Black et était âgé de 17 ans.

Et la prochaine nouvelle démontre clairement que les médias de l'époque perdaient finalement leur temps à vouloir exiger plus de discipline de la part des Montréalais dans la conduite d'un véhicule. Le mardi 7 octobre 1851, on signala encore une fois une catastrophe :

Vendredi dernier, une petite fille qui revenait de l'école a été écrasée dans la rue Sanguinet par la voiture d'un charrieur d'eau. L'une des roues lui est passée sur la poitrine et elle a reçu plusieurs blessures graves, auxquelles elle ne survivra pas sans doute. Il paraît que ce charrieur est coutumier du fait, car il a déjà écrasé plusieurs personnes. Lors du dernier accident, il tirait [faisait] une course avec une autre voiture, ce qui arrive souvent dans nos rues. Hier encore, cinq à six voitures qui se suivaient dans la rue Notre-Dame étaient conduites à toute vitesse. Où était donc la police ?

Un conducteur enragé

Rien n'est vraiment nouveau sous le soleil lorsqu'il s'agit du comportement des humains. Par exemple, la prochaine nouvelle illustre que le phénomène de la *rage au volant* ne date pas d'hier.

Le lundi 8 mars 1847, le *Journal* rapportait « qu'un individu du nom de Fullum a été incarcéré hier pour avoir assailli un Amérindien et une fille sur la route de La Prairie, au Sault-Saint-Louis », et le journaliste révélait la cause de cette arrestation : « Une querelle était survenue entre eux, parce que ni l'un ni l'autre ne voulait céder la moitié du chemin. »

LA LOI DE LA JUNGLE

Les chauffeurs de taxi de l'époque, qu'on appelait les *cabs* ou les *charretiers*, avaient une très mauvaise réputation. Régulièrement, les journalistes rédigeaient des articles pour dénoncer leur comportement jugé arrogant et indiscipliné.

« On ne saurait se trop récrier contre l'imprévoyance des charretiers, particulièrement sur la vitesse avec laquelle ils conduisent leurs voitures dans nos rues », clamait un journaliste, le jeudi 10 novembre 1842, et donnait cet exemple récent : « L'honorable C. R. Ogden a manqué d'être victime de l'imprévoyance et de la brutalité d'un charretier. Mardi dernier, M. Ogden était sur le trottoir, près du Séminaire, lorsqu'il fut frappé par le timon d'un cab. Le coup le renversa sur le pavé et la roue lui passa sur l'estomac. » Né à Québec en 1791 et décédé en Angleterre en 1866, Charles Richard Ogden fut avocat, député et procureur général du Bas-Canada [18].

Outre la vitesse excessive, on condamnait souvent leurs agissements quand ils se rendaient sur un quai pour offrir leurs services aux touristes arrivant par bateau à Montréal. Le jeudi 6 juillet 1843, on rapporta ce pathétique spectacle :

> Nous croyons devoir attirer l'attention du conseil de ville sur la foule de voitures qui se trouvent toujours sur le quai à l'arrivée du steamboat de La Prairie. Il est réellement surprenant qu'il n'en résulte pas plus d'accidents. Au lieu d'être rangées en file à une certaine distance, elles sont toutes pêle-mêle sur le bord du quai, au point qu'il est souvent impossible aux piétons de circuler sans s'exposer à être écrasés, ou tomber à l'eau. Sans compter que les passagers sont assaillis et étourdis par les cris "You want a calèche, you want a cab, you want a cart, etc."

> Vraiment, les étrangers qui débarquent sur nos quais doivent s'imaginer qu'ils arrivent dans une ville qui est sans police et sans règlements. Puisqu'on a déjà fait une loi qui assigne certaines places où doivent stationner les voitures, on devrait ajouter un règlement pour la conduite des charretiers sur les quais.

Excédé, un journaliste publia, le lundi 10 novembre 1845, un virulent article pour que cessent les manières décadentes des charretiers quand ils sont au centre-ville :

> Dans la rue McGill, par exemple, rien n'est plus désagréable, n'est plus malpropre, que cette longue file de chevaux, stationnés au beau milieu de la rue, et dont les grossiers conducteurs se réunissent par groupes pour insulter les uns, pour tourmenter

les autres, au grand mécontentement de tous les honnêtes gens […].

D'abord, c'est leur insupportable manie de venir à vous, quelques fois deux ou trois ensemble, de vous suivre de leurs ennuyeuses offres de service, "Want a cab ? Want a sleigh ?", comme si eux seuls, les gentils garçons, avaient reçu du ciel le don de la parole […].

Que de fois vos oreilles n'ont-elles pas été blessées des discours obscènes que tiennent les garçons charretiers dans leurs conciliabules en plein air. Que de fois une jeune fille modeste n'a-t-elle pas eu à rougir des mots qu'elle entendait en passant près de ces ignobles gamins qui ne connaissent, qui n'aiment que le mal ? Le seul moyen de faire disparaître ces abus criants, c'est de forcer chaque garçon charretier à se tenir huché dans sa voiture, à moins qu'il ne soit appelé par quelque pratique […].

Un autre abus qui existe depuis longtemps ici, c'est celui que les charretiers commettent dans la manière dont ils conduisent leurs chevaux. Pauvres quadrupèdes dont la peau résonne tout le jour sous les énergiques claques de leurs conducteurs ! Tous, sans exception, mènent leurs chevaux trop vite, et si la police, qui est si officieuse parfois, voulait bien faire son devoir, la Cour du Maire serait encombrée de récalcitrants tous les matins.

Tous les ans, de nombreux accidents mortels survenaient quand des conducteurs imprudents s'aventuraient sur les ponts de glace aménagés sur les cours d'eau, particulièrement au printemps. Voici un exemple qui fut relaté le lundi 18 avril 1836 :

> Vendredi, le nommé François Demiville, âgé de 55 ans, avec son fils, âgé de 19 ans, se noyèrent vis-à-vis Saint-Lambert en passant sur la glace avec leur voiture. Il paraît qu'ils revenaient de L'Acadie et s'étaient acheminés sur la glace, le temps étant déjà obscur, avec plusieurs autres voitures.

> En passant vis-à-vis un petit ruisseau, qui avait sans doute amolli la glace, elle se rompit et les deux infortunés et la voiture furent engloutis. Les autres voitures ayant passé plus au large ne coururent aucun danger. On ne saurait trop recommander de prendre garde de passer sur la glace au printemps à l'endroit où des petits ruisseaux se déchargent, ce qui a toujours l'effet d'amollir la glace.

> Demiville laisse une veuve malade depuis plusieurs années, avec plusieurs enfants en bas âge et peu aisés, son garçon aimé qui a péri avec lui étant son principal soutien. Leurs corps n'ont pas encore été retrouvés, malgré les recherches d'un grand nombre de cultivateurs des environs. Tous les ans, nous avons toujours à déplorer la

perte de quelques-uns de nos concitoyens passés sous la glace, et souvent par imprudence.

LES PONTS S'EFFONDRENT

Dans la région de Sherbrooke, un malheureux citoyen a péri quand « le pont de Eaton à Lennoxville s'écroula sous une charge de foin que conduisait Jos Beaumaine, cultivateur à Eaton ». La nouvelle fut communiquée le lundi 6 septembre 1847 :

> Tout tomba avec le pont, et l'attelage et le conducteur. M. Beaumaine tomba à l'eau et la voiture avec l'attelage demeura [retenue] entre les pièces de bois. Les bœufs furent retirés sains et saufs immédiatement, mais on n'a pu retrouver le corps du conducteur que vers neuf heures, il donnait aucun signe de vie. Une autre voiture qui précédait la charge n'eut que le temps d'échapper au malheur de la chute.

Ce genre de tragédie étant déjà maintes fois survenu, le journaliste utilisa cet exemple pour mentionner que « plusieurs autres ponts menacent ruine dans cette municipalité » et que « si la municipalité était obligee de payer cher les dommages causés par sa négligence, elle s'acquitterait peut-être plus soigneusement de son devoir ».

Dans un autre cas, qui se produisit cette fois à l'est de Montréal en 1855, on fut plus chanceux, car il n'y eut aucune victime. Intitulée *Pont Lachapelle et l'Abord-à-Plouffe*, la nouvelle parut le samedi 21 juillet :

> Nous regrettons d'apprendre que la violence du vent fut telle, mardi dernier, que deux arches du pont Lachapelle ont été abattues et emportées par le courant au Sault-aux-Récollets. Ce pont avait été érigé en 1836 par feu M. Lachapelle et ouvert au public cette même année par une inauguration à laquelle présidait Lord Gosford. Par bonheur, à l'heure où l'accident est arrivé, personne ne le traversait. Au dire des connaisseurs, cette immense construction était unique dans son genre et faisait honneur à son ingénieux propriétaire, M. Lachapelle, qui avait été lui-même son propre architecte et ingénieur.

> Les habitants du voisinage sont profondément attristés de cette perte qui retombe sur la famille Lachapelle ; mais nous apprenons que, pour leur commodité, les intéressés vont faire construire des chalands commodes pour transporter les voyageurs d'une rive à l'autre, d'ici à ce que le pont soit réparé.

Généralement appelé Lord Gosford, Archibald Acheson fut nommé gouverneur du Canada en juillet 1835[19].

Au XIXᵉ siècle, le village de l'Abord-à-Plouffe, situé en bordure de la rivière des Prairies, à un kilomètre de la gare ferroviaire de Cartierville, devint une municipalité en novembre 1915 ; la population était d'environ 1 000 habitants. L'endroit servait de halte aux hommes qui pilotaient des *cajeux*, ces immenses radeaux de troncs d'arbres qu'on avait coupés dans les forêts de l'Outaouais et qu'on faisait flotter jusqu'à Québec, pour ensuite les exporter en Europe. Ce lieu de répit était aménagé sur la terre d'un dénommé Plouffe [20].

DES ACCIDENTS FERROVIAIRES

Un cultivateur perd sa cause

À partir du milieu du XIXe siècle, un nouveau moyen de transport apparut au Québec : le chemin de fer. En conséquence, les médias se mirent à rapporter de plus en plus d'accidents causés par ce qu'on appelait le *railroad*.

Dans la poursuite d'un dénommé Richelieu contre la Compagnie du chemin de fer du Saint-Laurent et de l'Atlantique, le tribunal rendit une importante décision qui allait faire jurisprudence en la matière. Résumons les faits. M. Richelieu, cultivateur, « réclamait de la compagnie de ce *railroad* le prix d'une vache dont il était le propriétaire et qui fut tuée par le train de la compagnie sur la ligne de son chemin ».

En total désaccord avec l'opinion du demandeur, les propriétaires du chemin de fer « opposèrent pour défense à cette action que la perte de la vache était la suite nécessaire d'un fait de transgression et firent une demande en réclamation de dommages-intérêts au montant de 50 livres comme résultant de la collision à laquelle la propriété [la vache] du demandeur avait donné lieu à ce que les chars avaient été jetés en dehors des lisses [les rails] en venant en contact avec la vache».

Un journaliste rendit publique la décision du juge Bruneau, le samedi 3 juillet 1852 :

> La Cour, après avoir entendu les parties, a débouté le demandeur et maintenu la demande incidente en accordant 4 livres à la compagnie comme montant des dommages soufferts par elle.

> Le juge a maintenu par cette décision que la compagnie n'est point obligée de faire des clôtures pour empêcher les animaux d'entrer dans le chemin, et qu'il lui suffit de donner des avertissements au moyen de la cloche et du sifflet lorsque les chars traversent les routes publiques.

> La loi et l'intérêt du public exigent que ceux qui résident le long de la ligne du chemin de fer aient soin de leurs animaux et les empêchent d'y pénétrer, sous peine des dommages que les animaux peuvent causer en y allant.

UNE IVROGNE FRAPPÉE PAR LE TRAIN

Une brève mais pathétique nouvelle fut signalée, le mardi 2 août 1853, au sujet d'une femme qui avait visiblement trop bu : «Hier après-midi, comme le train du chemin de fer de Lachine venait à Montréal, une femme ivre fut aperçue sur le chemin, mais pas assez à temps pour arrêter la locomotive qui lui passa sur une jambe, sur un bras et lui fit plusieurs autres contusions graves à la tête. »

UN VIEILLARD MALCHANCEUX

« Mardi, le coroner fut appelé à tenir une enquête, à Saint-Hilaire, sur le corps de Maurice Beaulieu, de Saint-Denis, un vieillard de 96 ans qui avait été tué la veille », mentionnait-on le jeudi 9 octobre 1851. Le journaliste donna les faits sur cette mort :

> Lundi, vers midi, ce vieillard traversait le pont de Saint-Hilaire et de Belœil, sur la ligne du railroad du Saint-Laurent et de l'Atlantique, où il fut rencontré par une longue suite de chars poussés en arrière par un engin [locomotive]. En l'apercevant, l'ingénieur sépara l'engin des chars, lâcha le sifflet et fit tous ses efforts pour faire entendre le vieillard, mais en vain. Il fut impossible d'arrêter les chars, vu la force du mouvement, et le vieillard étant sourd n'avait pas entendu les signaux de l'ingénieur. Il fut tué sur-le-champ.

UNE BIEN TRISTE FIN

En 1850, une jeune femme connut une mort atroce, à la gare de Saint-Hilaire, quand elle fut broyée sous les roues des wagons. Cette horrible affaire fut exposée le lundi 26 août 1850 :

> Après l'arrivée des trains à la station de Saint-Hilaire, mardi dernier, vers les neuf heures du

matin, les passagers descendirent des chars et ensuite l'ordre fut donné au conducteur de la locomotive d'aller en arrière jusqu'à la station à l'eau pour recevoir sur le char alimentaire l'eau et le bois nécessaires pour la continuation du voyage [les voyageurs devant attendre sur le quai].

Une fille du nom de Bridgit Marigan, âgée de 20 ans, qui était sur la plateforme, voyant aller les trains, crut probablement qu'elle perdait son passage. Elle courut à travers la foule des passagers et, malgré les efforts de quelques-uns d'entre eux pour l'arrêter, alla se jeter dans l'escalier du char de 2e classe. Le pied lui ayant manqué, son corps passa outre le bras de l'escalier et elle tomba en travers sur la lisse entre deux chars. Avant que le train ait pu être arrêté, le corps de cette infortunée fille fut traîné à quelques pieds, et, au moment qu'elle fut ramassée, elle ne donna plus aucun signe de vie.

Bridgit Marigan n'était en Canada que depuis environ un mois et n'avait aucun parent en ce pays. Elle était catholique et le corps a été transporté à l'église de Saint-Hilaire où il a pu recevoir une sépulture convenable.

DES TRAGÉDIES MARITIMES

Collision sur le lac Saint-Pierre

« Mardi matin, entre deux et trois heures, le *Sydenham*,
qui descendait à Québec, et le *Queen*, qui se rendait ici
[Montréal], se rencontrèrent sur le lac Saint-Pierre et se
heurtèrent avec une telle violence que les deux vaisseaux
sombrèrent presque immédiatement », divulguait le
Journal, le jeudi 25 mai 1843. Au moment de la publication, le nombre de victimes était encore inconnu, mais
on parlait « de la perte d'un des hommes du *Queen* et
d'un jeune enfant de 12 ans ».

Selon des témoins, « le *Sydenham* frappa le *Queen* dans
son bâbord, en avant de l'aile, et ce dernier coula à fond
en peu de minutes, à 17 pieds d'eau ». Sur le *Sydenham*,
plusieurs passagers eurent la vie sauve, car ils « se réfu-
gièrent en toute hâte sur le haut-pont qui fut bientôt à
fleur d'eau ». « Heureusement que le temps était calme,
affirma un témoin, car autrement il eût été impossible à
ces infortunés de se soustraire à la force des vagues et au
roulis du vaisseau. »

On remorqua le *Sydenham* près « d'une batture, en bas de
Yamachiche, où il coula à fond, à 12 pieds d'eau ». Quant
à l'autre navire, « environ deux heures après le choc, le
Lumber Merchant, qui descendait à Québec, arriva et
recueillit tous les passagers du *Queen* », et un passager
fut particulièrement heureux de son sort : « M. Laurent
Collin, qui avait à bord quarante bœufs de boucherie

qu'il menait à Québec eut la chance de tous les sauver et les embarquer sur le *Lumber Merchant*. »

« Il circule tant de différents rapports sur les causes de ce sinistre, qu'il est difficile d'en établir les causes », de dire le journaliste. Selon lui, « on donne pour excuses que le temps était sombre et brumeux », mais « on ne peut s'empêcher de proclamer qu'il y eut de la négligence ».

SAINT-ANTOINE-DE-TILLY EN DEUIL

Les lecteurs furent profondément attristés de lire, le jeudi 12 août 1847, « qu'un événement affreux [venait] de plonger la paroisse de Saint-Antoine dans un deuil inexprimable ». Voici la nouvelle :

> Hier, un bateau appartenant à M. Dion de Saint-Antoine, fortement chargé de barils de poissons et ayant à son bord dix-neuf passagers, fut englouti par les flots dans une bourrasque de vent du nord-est, un peu plus haut que l'église de Saint-Nicolas. Seize personnes de Saint-Antoine perdirent la vie et les trois autres échappèrent à cette fin misérable comme par miracle. Parmi toutes ces victimes de la tempête, il y avait sept mères de famille, un jeune homme de 17 ans et huit jeunes filles. Treize corps ont été trouvés aujourd'hui et apportés à l'église au milieu d'un immense concours de personnes en pleurs. Ils seront déposés mardi dans la même fosse après un service funèbre.

DES NOYADES

Un bête accident

« Un respectable cultivateur de la paroisse de Saint-Philippe, du nom d'Amable Coupat dit la Reine, étant dernièrement descendu à Québec pour y obtenir une dispense d'un mariage concerté avec sa nièce, jeune fille de 18 ans, perdit la vie en débarquant du bateau à vapeur », informa un journaliste, le jeudi 20 septembre 1827. Ce fut un bête accident : « En mettant le pied sur une planche qui communiquait du bateau au quai, il tomba à l'eau et se noya en quelques minutes. » Cet homme était « âgé de 60 ans et avait déjà épousé trois femmes, et il laisse 18 enfants qui vivent encore tous ». Quant à sa dépouille, « elle a été rendue à sa famille hier par la voie du bateau à vapeur, le *Richelieu* ».

Les dangers de la baignade

Durant l'été de 1845, plusieurs jeunes se noyèrent lors d'une baignade. Le jeudi 14 août, on apprit « qu'un jeune homme d'environ 19 ans, du nom de Moïse Reneur dit Caspel, s'est noyé lundi dernier en se baignant dans une des excavations formées dans les carrières près de Mile-End, dans les environs de cette ville » ; le Mile-End est de nos jours un quartier de Montréal. Cet endroit était réputé dangereux pour la baignade et le journaliste suggéra à la population « qu'on devrait se garder de se baigner dans ces excavations dont on ne peut mesurer la profondeur et qui contiennent des eaux mortes et croupissantes ».

TROIS PERTES DE VIE

« Nous regrettons d'avoir à annoncer que trois culti-vateurs respectables de Contrecœur se sont noyés dernièrement », annonça un journaliste, le lundi 23 novembre 1846. Voici les circonstances du drame :

> Ils revenaient du moulin de Lavaltrie dans un petit canot chargé de plusieurs poches de farine lorsque le vent les surprit au milieu du fleuve. Ils s'aperçurent bientôt du danger et voulurent alléger leur frêle embarcation en jetant à l'eau une partie de la farine. Mais, soit par la force de la lame ou autrement, le canot chavira et les trois infortunés furent précipités dans le fleuve, où ils périrent sans qu'il fût possible de leur porter secours.

> Leurs noms sont Chagnon, de la Petite-Côte de Verchères, Lacroix et Lasablonnière, de Contrecœur. Ces deux derniers étaient des pères de famille. Le canot fut bientôt retrouvé, renversé avec toute la farine excepté une poche, celle qui avait été précipitée dans le fleuve. Le corps d'un noyé a été retrouvé dernièrement dans les îles de Contrecœur.

QUAND LE TRAVAIL TUE

MORT DANS LE SAVON

« Avant-hier, un M. Monnet, employé dans la manufacture de savon de M. Rogers, était occupé à vider une des cuves lorsqu'une planche qui le supportait au-dessus se cassa, il tomba dans la cuve d'où on le retira presque mort, apprenait-on le jeudi 22 décembre 1842. Le pauvre ouvrier n'a pas survécu, et « malgré les soins les plus empressés, il est décédé hier au milieu des souffrances les plus aiguës ». Le journaliste ajouta « qu'il laisse une épouse et un jeune enfant » et qu'« il était âgé d'environ 24 ans ».

DÉCHIQUETÉ PAR LA DYNAMITE

Le lundi 15 janvier 1844, un employé qui travaillait « dans la carrière exploitée par M. Pigeon, près des tanneries des Bélair », connut une fin atroce. « Un malheureux père de famille, Charles Moreau dit Desourdis fut la victime non pas d'une négligence cette fois, mais d'un incident qu'on ne peut pas toujours maîtriser », et le *Journal* décrivit l'accident :

> Après avoir tout préparé pour faire sauter un bloc de pierre, il mit le feu à la poudre, mais en se retournant précipitamment pour s'éloigner, le pied lui glissa et il tomba sur la pierre en même temps que la mine faisait explosion. Le choc fut si fort que le malheureux fut horriblement mutilé, au point que la tête

fut séparée du corps et lancée à une grande distance dans une direction opposée. Cet infortuné laisse une veuve et cinq enfants. Il était âgé de 45 ans.

Un accident agricole

Intitulée *Déplorable accident causé par un moulin à battre*, une nouvelle du lundi 11 février 1850 révéla qu'un jeune homme âgé de 21 ans venait de connaître un terrible accident lors de travaux dans une ferme :

> À Saint-Barnabé, comté de Saint-Maurice, le 7 février, un jeune homme du nom d'Élie Gélinas dit l'Allemand, occupé à la manœuvre d'un moulin à battre, en voulant s'appuyer sur la partie du moulin voisin du batteur, eut le malheur de glisser et de se faire saisir la main droite par les dents de ce cylindre tournant à sa pleine vitesse. Un instant après, il avait la main et le bras horriblement mutilés […]. Après un pareil accident, l'amputation devenait évidemment nécessaire, aussi fut-elle faite le jour même par les docteurs Lacerte et Desaulniers de Yamachiche. On espère que le jeune homme survivra à son malheur et que cet accident servira de leçon à ceux qui ont occasion de manœuvrer ces sortes de moulins.

Tombé d'un échafaud

Le samedi 2 septembre 1854, le *Journal* proclamait : « nous apprenons avec regret que M. Joseph Labelle, charpentier, s'est tué jeudi matin, en tombant du haut d'un échafaud élevé près du mur de la bâtisse que fait construire M. John Redpath sur le canal Lachine.» Une imprudence fut commise «quand M. Labelle travaillait avec quelques autres hommes à défaire cet échafaud, et quand cette charpente n'eut plus de solidité, il se hasarda imprudemment dessus». Malheureusement, «l'échafaud céda sous lui et il fut précipité d'une hauteur de soixante-dix pieds et tué instantanément». On mentionna «qu'il laisse une épouse et huit enfants pour déplorer sa perte» et «qu'il était le frère de M. P. Labelle, membre élu pour le comté de Laval».

Né en 1796 en Écosse et décédé à Montréal en 1869, John Redpath fut un important homme d'affaires qui créa, entre autres, la première raffinerie de sucre au Canada, le long du canal Lachine; lors de son accident, Joseph Labelle travaillait à la construction de l'usine[21].

Une fuite de gaz mortelle

«Un accident bien regrettable a eu lieu jeudi dernier au Petit Séminaire de Montréal», lisait-on le mardi 15 février 1853, quand «M. Villeneuve, jeune ecclésiastique de 22 ans, descendit à la cave vers 6 heures du matin pour examiner le gazomètre et voir quelle était la cause de l'insuffisance de la lumière que donnait le gaz ce matin-là». Voulant jouer à l'expert, l'imprudence de ce jeune prêtre allait lui faire vivre une horrible expérience:

Il s'approcha imprudemment avec sa chandelle trop près du gazomètre enfermé dans une boîte de bois et d'où s'échappait du gaz par une fissure. Dès que le feu et le gaz furent en contact, l'explosion eut lieu et M. Villeneuve fut repoussé avec une telle violence qu'il eut les deux jambes cassées dans sa chute et l'os postérieur du crâne enfoncé. Les médecins sont d'avis qu'il ne survivra pas.

La prédiction des médecins fut avérée. Le 22 février, on annonça son décès : « Nous regrettons d'apprendre à nos lecteurs que M. Villeneuve, le jeune ecclésiastique du Séminaire de Montréal qui a été victime d'une explosion de gaz dans la cave du collège, est mort à l'Hôtel-Dieu, mercredi dernier. Son corps a été inhumé à La Prairie où demeure sa famille. »

DES ACCIDENTS À L'ÉGLISE

Fréquenter l'église paroissiale fut périlleux pour deux citoyens montréalais. Dans le premier cas, rapporté le jeudi 30 juillet 1829, une pauvre dame s'est carrément fait sonner les cloches en recevant une pierre sur la tête :

Hier, vers onze heures, comme une femme sortait de la nouvelle église paroissiale par la grande porte du milieu, une pierre s'échappa par quelque accident des échafauds supérieurs où les maçons travaillent au portail, et lui tomba sur la tête qu'elle lui fendit d'une manière horrible, lui fracturant en même temps le bras et la cuisse dans sa chute rapide. Cette femme a été immédiatement portée à l'Hôtel-Dieu. On dit que son mari est un vieillard infirme et qu'elle a plusieurs enfants. On nous dit qu'on a déjà recommandé à ceux qui visitent l'église pendant que les ouvriers travaillent de n'entrer et ne sortir que par les portes latérales.

Dans l'autre cas, relaté le mardi 29 mai 1855, il s'agissait d'un jeune homme de 16 ans, Damase Métivier, «mort dimanche dernier des suites d'un déplorable accident arrivé la veille». Cet événement survint «pendant qu'il s'amusait avec quelques amis près de l'église en construction sur l'emplacement de l'ancien évêché». Malheureusement pour lui, «un instrument de plomb, retenu par une ficelle à la partie supérieure de l'édifice, tomba tout à coup à terre et, bondissant avec violence, alla frapper le jeune homme à la tête».

DES EMPOISONNEMENTS

Un thé douteux

Le jeudi 20 avril 1843, les citoyens de Québec furent prévenus qu'une famille venait de vivre une expérience douloureuse: «Samedi après-midi, la famille de Séverin Girard, faubourg Saint-Louis, a failli devenir victime d'un empoisonnement causé en apparence par du thé.» Voyons comment s'est déroulée leur mésaventure:

Peu de temps après le dîner, qui avait consisté en œufs, pain et du thé, sur sept personnes qui y avaient pris part, cinq, à savoir le mari, la femme, deux enfants et le père de la femme, ont été attaqués presque en même temps par de violentes douleurs dans l'estomac avec vomissements. Ceux qui avaient pris le plus de thé ont été les plus malades. Des prompts secours leur ont été administrés par les docteurs Nault et Sewell, et nous apprenons qu'aujourd'hui on les considère comme hors de danger.

LA CAROTTE À MOREAU

« La semaine dernière, dans le faubourg Saint-Joseph [à Montréal], cinq enfants se sont empoisonnés par suite d'avoir mangé de la cigue ou "carotte à Moreau" », alertait le *Journal*, le lundi 15 avril 1844. En plus de présenter les faits, le journaliste fit des recommandations :

> Un beau garçon de cinq ans a été trouvé mort dans une écurie, où il était couché à l'insu de ses parents. Un autre est mort le lendemain, mais les trois autres ont eu le bonheur de réchapper [...]. Comme ces accidents sont très fréquents à la campagne, je prends la liberté d'attirer l'attention des membres de la profession [médicale], soit de la ville ou de la campagne.

La carotte à Moreau, ou *Cicuta maculata*, est l'une des plantes les plus toxiques d'Amérique du Nord, et son ingestion peut causer la mort en moins de 15 minutes[22].

ERREUR SUR LA FIOLE

Le lundi 14 décembre 1846, les lecteurs apprirent qu'un patient de l'Hôpital Général de Montréal était décédé dans des circonstances plutôt cocasses :

> Ce malheureux tenait le lit depuis quelques jours pour un coup qu'il avait reçu aux genoux, et, en s'éveillant, il demanda du vin, le médecin lui ayant prescrit d'en prendre une certaine quantité par jour. Un de ses malades lui présenta du laudanum [un médicament] au lieu du vin, et, malgré tous les efforts que l'on a faits pour le sauver, il mourut à six heures du soir.

PANIQUE AU COUVENT DE LONGUEUIL

Dans l'édition du jeudi 13 juin 1850, le *Journal* publia une lettre signée par un prêtre de Longueuil, Louis-Moïse Brassard. Ce prêtre tenait à exprimer son désaccord quant aux propos d'un dénommé Sabourin, publiés le 10 juin, et à rectifier les faits sur un empoisonnement collectif survenu au couvent de Longueuil. « Je crois devoir rectifier cette communication qui, loin d'être exacte, est propre à faire peser sur les sœurs un blâme qu'elles ne méritent aucunement », s'insurgeait l'abbé Brassard. Ce prêtre présenta sa version des événements :

> C'est à 5 heures du soir, dimanche du 2 courant, que quelques sœurs et les pensionnaires du couvent ont mangé, non des biscuits, mais des beignets

chauds dans lesquels la cuisinière, par une fatale erreur, avait mis de l'arsenic au lieu de potasse. Aussitôt après le souper, et même en sortant de table, les enfants commencèrent à vomir, et en si grand nombre que la supérieure effrayée descendit immédiatement à la cuisine pour s'enquérir de ce dont on s'était servi pour préparer le souper. Ayant découvert à l'instant l'erreur commise par la cuisinière, elle accourut au presbytère pour m'en informer. Tout de suite, j'expédiai mon domestique à Montréal auprès de monsieur le docteur Beaubien qui arriva à 8 heures et demie [...].

Au reste, le docteur Beaubien approuva le traitement au lait que j'avais ordonné à la première nouvelle de l'accident et prescrivit de continuer ce traitement pour celles qui éprouveraient encore des maux de cœur. Ayant passé la nuit à Longueuil, M. le docteur Beaubien fit une troisième visite au couvent avant de repartir pour la ville et il eut la satisfaction de laisser les enfants parfaitement bien, et ne ressentant aucunement l'indisposition de la veille, à l'exception de quatre qui continuèrent à ressentir un peu d'irritation d'estomac jusqu'au lendemain où il ne resta plus aucune trace d'indisposition dans le couvent.

Né en 1800 et décédé en 1877, Louis-Moïse Brassard fut curé à Longueuil de 1840 à 1855. Ordonné prêtre en 1824, il fut, entre autres, le procureur du Séminaire de Nicolet, de 1836 à 1840[23].

UNE SAINT-JEAN COMPLÈTEMENT... SAUTÉE !

Des citoyens de Saint-Martin, à Laval, qui célébraient la fête de la Saint-Jean-Baptiste, ont assisté à un genre de feu d'artifice qui n'était certainement pas prévu au programme. Voici le récit de cette affaire publié le jeudi 28 juin 1855 :

> Après le service divin, le mauvais état de la température ne permettant pas de continuer la célébration de la fête conformément au programme convenu, elle fut ajournée au vendredi suivant. Cependant, bon nombre de personnes résolurent de profiter de leur réunion pour passer le temps agréablement. Entre autres amusements, il fut tiré du fusil et du canon sur la place publique. Par malheur, ceux qui exécutaient le chargement de cette dernière arme [un canon] oublièrent de la nettoyer à l'intérieur ou de la laisser refroidir, après des décharges répétées trop rapidement, de sorte que lorsqu'ils se mirent en devoir de recharger cette arme, la poudre, environ 4 livres, contenue dans un pot en fer blanc, prit feu dès qu'elle fut mise en contact avec le métal chauffé. Et nous regrettons d'avoir à dire que treize personnes furent atteintes par l'explosion qui eut lieu, six d'entre elles le furent très sérieusement. La personne qui chargeait le canon fut lancée à une hauteur considérable, mais ne fut pas tuée.

Nous apprenons avec plaisir que, quoique les victimes de cet accident aient été couvertes plus ou moins de brûlures, le médecin qui leur a donné les soins déclare qu'elles en guériront toutes. Voici les noms : Georges Pariseau, Boucher, Saint-Aubin, J. B. Beautrou dit Major, tous de Saint-Martin. Messieurs Ouimette et Léveillé, de Sainte-Rose. Les sept autres victimes n'ont été atteintes que légèrement.

QUEL SALE TEMPS
CET HIVER !

« Depuis six jours, nous éprouvons un dégel continuel. Et la pluie a tellement fait disparaître la neige que l'on a repris en quelques endroits les voitures d'été. La traverse entre la ville et l'île [Montréal et l'île Sainte-Hélène] est coupée ; et on n'ose presque plus traverser par le chemin de La Prairie. Le chemin de Longueuil menace déjà. Les anciens n'ont jamais vu un hiver aussi modéré. » *Le jeudi 21 février 1828*

« Il y a longtemps qu'on a eu une température aussi remarquable que celle qui se fait sentir jusqu'à présent. Nous voilà rendus au mois de janvier, et à peine y a-t-il assez de neige pour les voitures d'hiver, et deux voyageurs arrivés hier de Montréal sont descendus jusqu'aux Trois-Rivières en voiture d'été. » *Le lundi 4 janvier 1830*

« Samedi dernier, on a été témoin d'un phénomène météorologique bien extraordinaire pour un hiver du Bas-Canada : il a éclairé et tonné, et tonné au point que la foudre est tombée sur le clocher de l'église Saint-Thomas et l'a considérablement endommagé. » *Le jeudi 20 février 1834*

« Le froid continue toujours avec la même intensité depuis la fin de décembre. À peine dans le cours de janvier avons-nous eu trois ou quatre journées d'une température supportable. Le thermomètre a toujours marqué moins 16, 20 et 25 degrés [Fahrenheit]. On vient de nous dire qu'hier à Chambly le mercure était

descendu à 31 degrés [...]. On ne peut se faire une idée de la détresse et de la misère qui règnent partout et surtout dans nos faubourgs. Il faut le dire, plusieurs familles sont absolument sans pain et sans feu. D'autres ont brûlé jusqu'à leurs meubles les plus nécessaires [...]. Ce qu'il y a à déplorer, c'est que le bois de chauffage est rare et cher cette année. Les provisions, qui ont été faites dans les clos l'automne dernier, sont presque épuisées, et bientôt on ne pourra compter que sur celui qui sera amené en ville par les cultivateurs des environs. »
Le lundi 29 janvier 1844

OPINION

Le jeudi 19 janvier 1837, le *Journal* dénonça le trop grand nombre de personnes se comportant comme des chauffards dans les rues de Montréal.

Depuis quelque temps, nous avons entendu beaucoup de personnes proférer des plaintes contre ceux qui se permettent de conduire les voitures au-delà d'un train modéré dans les rues de Montréal. Ces plaintes ne sont malheureusement que trop fondées. Il est déjà résulté de graves accidents de cette manie de la part de quelques cavaliers et de ceux qui conduisent des voitures. Si ceux-ci avaient pour excuse quelque motif d'urgence pour en agir ainsi, ils seraient certainement moins blâmables, mais quelque rapidement qu'on parcoure les rues, on peut toujours éviter les accidents que l'on occasionne par là aux piétons pour peu que l'on veuille prendre garde. Cependant, chose étrange !, ce sont le plus souvent ceux qui peuvent le plus s'exempter de cette ridicule et étrange pratique qui en abusent davantage. Il en est qui, pour se donner en spectacle au public et étaler complaisamment le luxe de leur équipage [véhicule et chevaux], auraient le courage d'écraser tout ce qui se rencontre sur leur chemin. Nous le répétons, tous les jours il arrive quelque accident de ce genre, dans Montréal, faute d'un peu de précaution chez ceux qui conduisent les voitures et les chevaux [...].

Il est temps, ce nous semble, de mettre ordre à ces fréquents abus. Il existe un règlement de police qui impose une amende à toute personne conduisant des voitures, ou des chevaux seulement, au-delà d'un train modéré. Ne serait-il pas à propos de s'en prévaloir pour mettre fin à cet ordre des choses? Nous appelons l'attention des citoyens à ce sujet.

ront s'en procurer, en faisant application au bureau du soussigné, à l'Hôtel de ville, VENDREDI prochain, le VINGT-TROIS JUIN, 1848., et les jours suivants, entre 9 heures A. M. et 4 heures P. M.

Par ordre,

J. P. SEXTON,

Greffier de la cité.

Bureau du Greffier de la cité,
    Hôtel de ville,
Montréal, 19 juin, 1848.

Voyage de Plaisir à Varennes

JEUDI prochain, le **22** du courant, le bateau à vapeur, STE. HÉLÈNE, Capt. LESPÉRANCE, laissera ce Port à UNE heure précise de l'après-midi, arrêtera à BOUCHERVILLE, et sera de retour de bonne heure.

  Prix du passage : 30 sous pour aller et revenir.
Montréal, 19 juin.

AVIS.
Chemin de Fer
DE MONTRÉAL ET LACHINE.

JEUDI prochain, étant un jour de Fête (LA FÊTE-DIEU) un train *Extra* partira comme suit :—

DE LACHINE.	DE MONTRÉAL.
1¼ heures P. M.	2¼ heures P. M.

Bureau de la Compagnie du
Chemin de Montréal

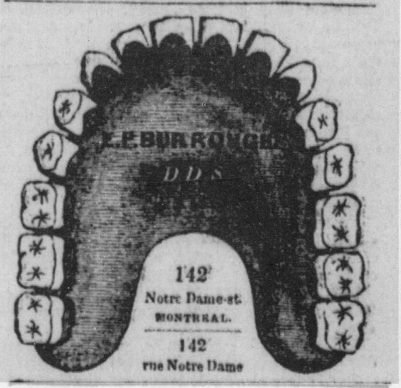
C. C. SPENARD

5e partie

LES AFFAIRES RELIGIEUSES

aussi eux en partie de bâtons, et par représailles seulement, ils n'attaquèrent personne. Ils se conduisirent avec le plus grand ordre. Leurs adversaires avaient la veille et de bonne heure le matin pris possession des deux ou trois bâtisses dont se composait tout le *village* ; l'occupation exclusive leur en avait été garantie depuis long-temps [...] comme suffisante à entretenir [...] locataires ; des [...] bouche, des boissons fortes surtout, leur avaient été fournies en grande quantité et comme pour les mettre en état de soutenir un long siège. Nous savons même que le salaire promis aux bandes [...] était d'une demi [...] battant, outre la [...] ser de la [...] seurs de la [...] nombre d'individus formant partie [...] de M. Thomson menaçèrent de massacrer tous ceux qui oseraient voter pour M. La Fontaine, cela le jour même de l'élection, et l'on sait aussi qu'après avoir offert toutes sortes de provocations, ils commirent le meurtre le plus barbare sur la personne d'un vieillard inoffensif. Tous ces faits sont attestés sous serment, et sont de notoriété publique. Maintenant on peut juger de la véracité des auteurs des extraits, et de l'espèce de drogues qu'il est possible aux charlatans de débiter en Angleterre sur le compte de la colonie.

L'éditeur, qui paraît singulièrement préjugé contre l'honorable procureur-général actuel, l'accuse d'avoir manqué de nerf en se retirant de la lutte. Cela impliquerait que le savant éditeur d'opinion que c'est le droit du plus fort qui doit l'emporter aux élections, et non les suffrages librement et légalement exprimés. A ce compte les *hustings* ne seraient autre chose qu'une arène de gladiateurs, ou qu'un tournois où de preux chevaliers viendraient briser une lance et se rompre le cou. Le fait est pourtant que la conduite pleine de prudence et de sagesse tenue par M. La Fontaine en cette mémorable circonstance a produit ici une [...] autre impression. Les électeurs sans doute durent frémir d'indignation à la vue du guet-apens que leur avaient dressé leurs antagonistes, et n'auraient pas reculé devant de pareils mercenaires, si un combat à main armée n'eût eu pour but d'autres résultats que le triomphe électoral d'un des candidats ; mais ils prévoyaient les conséquences ultérieures d'une semblable lutte, et avertis par la voix de leur chef, ils se retirèrent en bon ordre, non vaincus, mais en protestant, et forts de la conviction d'avoir noblement rempli leur devoir, et laissant à leurs adversaires à achever seuls leur sale affaire. Il est facile à 12 cents lieux d'ici de dire que M. La Fontaine a "manqué de nerf" dans cette circonstance, mais il n'est personne aimant le pays qui ne rende aujourd'hui grace au ciel de la sagacité et du courage civil qu'il y a déployés. Nous ne croyons pas qu'il soit un seul réformiste qui désirât maintenant que M. La Fontaine eût agi autrement, et qui ne lui sache gré d'avoir épar-

Nous regrettons infiniment, pour l'honneur de la presse canadienne, que la seule publication politique qui, outre la *Minerve*, soit publiée dans la langue française à Montréal, paraisse s'être entièrement livrée à la fureur, à l'injure et au dévergondage. Les remarques que la *Minerve* a été déjà obligée de lui adresser à ce sujet, dans un esprit de modération et de bon vouloir, nous osons le dire, ainsi que dans l'espérance de lui faire ouvrir les yeux sur une pareille conduite, ont été accueillies de l'humeur la plus revêche, et ont donné lieu, de la part de l'*Aurore*, dans son numéro d'aujourd'hui, à un article de quatre mortelles [...] de verbiage et de trivialités. Le mieux que nous pourrions faire pour nous en venger serait de le livrer à nos lecteurs purement et [...]ment, persuadés qu'il se réfute de lui-[...] ; mais ce serait lui donner trop d'importance, et aux dépens, nous nous en flattons, de quelque chose de meilleur que les absurdités en langage de halle.

TROUBLES A ST. PIE. — Nous apprenons avec douleur que des troubles sérieux ont éclaté dans la paroisse de St. Pie, comté de St. Hyacinthe. Et ce qu'il y a de plus à déplorer, c'est que ces désordres sont les suites de haines religieuses, qui se sont propagées depuis l'établissement en cette paroisse d'une mission de la secte des anabaptistes, à la tête de laquelle se trouve le Dr. Côté, et quelques savetiers et journaliers de l'endroit. Nous disons savetiers et journaliers, car on nous assure que le peu de proselytes qui ont été pervertis n'appartiennent qu'à la classe la plus basse et la plus ignorante. Ces querelles religieuses sont vraiment à déplorer, et si on n'y met bientôt ordre, elles peuvent dégénérer en haines invétérées qui armeront le fils contre père et le frère contre le frère. Si les catholiques avaient à lutter contre quelqu'un de raisonnable, contre quelques personnes respectables et instruites, alors, il y aurait à espérer qu'on pourrait les rammener par la raison à des voies plus sages ; mais ils ont à lutter contre l'ignorance la plus crasse, contre des gens qui font de la religion métier et marchandise.

On connaît la faveur de la plûpart de ces sectaires pour faire des proselytes, et tous les moyens leur sont bons : mensonges, promesses, menaces, tout est mis en usage. Ennuyés d'être tourmentés, les honnêtes gens de St. Pie, ne purent s'empêcher d'accueillir les beaux discours de ces nouveaux *ministres* par des railleries. Le moyen de s'en empêcher, quand on voit des hommes absolument illettrés, ne sachant même pas lire, se mêler de colporter des bibles et d'expliquer les écritures ! Mais des railleries on en est venu aux menaces et des menaces aux voies de faits.

Enfin l'auteur de tant de *charivaris* autrefois, fut à son tour *charivarisé*, ou ses *co-ministres*. On nous dit que les *révérends* tirèrent ou firent tirer plusieurs coups de fusils sur le peuple assemblé sur le grand chemin. Ce procédé n'était pas propre à appaiser le rassemblement

DES PRESBYTÈRES VANDALISÉS

Il y eut un grand émoi dans la population quand, le jeudi 9 juillet 1829, on lut qu'un important vol fut commis le 28 juin « dans le presbytère de M. Joyer, curé de la Pointe-du-Lac, district de Trois-Rivières » :

> On suppose que dans la journée du samedi, un voleur s'était caché dans la cave et y était resté toute la nuit suivante. Le dimanche, il s'introduisit dans les chambres, pendant le service divin, où tout le monde de la maison était allé, et emporta la bourse de M. le curé contenant 29 livres et quelques schellings. Il a été poursuivi jusqu'à Québec où il a été arrêté chez M. Beaulieu, aubergiste, ayant encore sur lui la bourse de messire Joyer avec son nom marqué dessus, et neuf piastres françaises et un écu américain. Il a été envoyé à la prison de Trois-Rivières.

Parfois, non seulement un individu se permettait effrontément de dévaliser la résidence du représentant de l'Église, mais il proférait aussi des menaces personnelles. Un journaliste signala un tel cas le lundi 6 juillet 1829 :

« Nous sommes fâchés d'apprendre que le vol commis dans le presbytère de Saint-Roch [à Québec], où les voleurs, non contents de faire un bon butin, blessèrent sévèrement messire Paquet dans l'intention, à ce qu'il paraît, de l'assassiner, a été suivi de la transmission d'une lettre à ce monsieur. » On publia un extrait de cette lettre de menaces, signée sous le pseudonyme *Votre ennemi juré* : « Si je n'ai pas pu vous tuer, tenez-vous sur vos gardes, car je cherche tous les moyens de me venger et cela se fera avant quinze jours, et j'en trouverai bien les moyens. »

À l'époque, on n'entendait pas rigoler avec ce genre de crime commis dans un presbytère. Par exemple, le jeudi 10 septembre 1829, un journaliste confirma que Joseph Bellerose fut condamné à être pendu le 23 octobre suivant « pour vol de nuit avec effraction chez le curé de Saint-Martin [Laval] ».

DES ÉGLISES PILLÉES

Au XIXe siècle, les vols commis dans les églises s'avéraient un véritable fléau. Chaque année, le *Journal* relevait régulièrement de tels cas. Voyons-en quelques exemples.

En mars 1829, deux individus, Jean-Baptiste Marcoux et David Lefebvre, comparaissaient au tribunal pour répondre à des accusations d'avoir « volé une quantité de galon et de frange d'or et d'argent dans l'église de Longueuil vers le 11 janvier dernier ». Le jeudi 12 mars, un journaliste dévoilait les détails sur leur procès :

Les prisonniers étaient des danseurs de corde et avaient joué depuis quelque temps à Longueuil. Leurs habillements devinrent beaucoup plus splendides et, à leur départ, on s'aperçut que la boîte qui contenait les ornements de l'église avait été pillée. Un avis de recherche ayant été obtenu, on trouva en la possession de Lefebvre une variété d'habillements couverts de franges et de galons que le curé de la paroisse réclama sous serment comme la propriété de l'église. Quelques-unes des franges conservaient encore l'odeur de l'encens [...]. Le juré s'étant retiré pour quelques minutes rapporta un verdict de culpabilité.

Le jeudi 8 octobre 1835, on cria au scandale, car « un vol sacrilège [avait] eu lieu dans la nuit de lundi dernier dans l'église de Varennes ». Des témoins rapportèrent les faits suivants :

> Monsieur le curé de cette paroisse, passant en voiture près de l'édifice, aperçut une lumière et donna l'alarme. On s'empressa de courir à l'église et l'on trouva le tabernacle ouvert ; mais le voleur ou les voleurs n'eurent pas le temps de consommer leur crime. On trouva sur la grève un homme qui ne put rendre compte de ses actions, on le fouilla et on trouva deux surplis. Il est probable que les complices, s'il y en a, seront bientôt connus du public et punis. C'est à M. Pinet qu'on doit l'arrestation du prévenu et sa translation dans la prison de Montréal.

Le lundi 18 juillet 1836, les citoyens de l'est de Montréal furent estomaqués de savoir que « mardi dernier, dans la nuit, des voleurs se sont introduits dans la sacristie de la Longue-Pointe ». On prit connaissance de ce reportage :

> Ils se rendirent au coffre-fort qu'ils trouvèrent fermé et, ne trouvant pas la clé, ils prirent le parti de l'arracher du mur où il se trouvait, par le moyen d'une barre de fer. Ayant probablement été surpris dans leur œuvre diabolique, ils abandonnèrent leur projet de s'emparer du coffre. Ils ouvrirent le tabernacle par le moyen d'une clé qui se trouvait dans un tiroir et emportèrent deux vases sacrés, le calice et la patène.

> Dans la journée qui précéda le vol, on avait vu un canot qui contenait cinq hommes et deux femmes s'arrêter sur le rivage près de l'église, et il n'existe aucun doute que ce sont ces individus qui se sont rendus coupables de ce vol sacrilège. Nous invitons les habitants qui demeurent sur les bords du fleuve à se tenir sur leur garde contre ces brigands et de tâcher de les arrêter.

DES CIMETIÈRES PROFANÉS

Les lecteurs furent atterrés de lire, le jeudi 10 septembre 1829, que François-Xavier Pauser et Joseph-Tancrède Pauser venaient d'avouer au tribunal leur culpabilité « sur trois accusations pour exhumation et enlèvement de trois corps morts » dans un cimetière. Le premier fut condamné à 12 mois de prison, et le second à 9 mois. Comme de nos jours, il est fort probable que la population s'écria alors : « Mais dans quel siècle vivons-nous ? »

Chose étonnante, la plupart des vols de cadavres dans des cimetières étaient l'œuvre d'étudiants en médecine qui utilisaient ces corps pour pratiquer des dissections. Voici quelques exemples.

Le samedi 14 mars 1829, un journaliste relata « qu'hier matin, on a amené au bureau de police deux jeunes messieurs, dont un étudie la médecine, pour avoir pris sept corps dans le cimetière de Sainte-Thérèse de Blainville dans la nuit précédente ». Ces deux morbides personnages ont fait vivre une pure histoire d'horreur à un père de famille et à son fils : « Après avoir pris les corps, ils s'étaient arrêtés chez un M. Rodier pour se chauffer, laissant leur traîne au soin d'un jeune garçon de la maison qui voulut voir ce qui était dans la voiture ; à sa grande surprise et à celle de M. Rodier, on trouva, parmi les corps, celui d'un enfant de ce dernier. »

Le lundi 13 février 1837, on mentionna que la veille, « vers 6 heures du soir, un attroupement d'hommes et de femmes s'était formé devant une petite maison située dans la ruelle Saint-Georges, dans le faubourg Saint-Antoine, et appartenant à M. Tavernier ». Les citoyens de ce secteur en avaient ras le bol, car « on soupçonnait que cette maison était occupée par des étudiants en médecine comme institution de dissection et qu'elle contenait des cadavres ». On passa donc à l'action :

> Entre les 8 et 9 heures, un attroupement plus nombreux se fit, et les perturbateurs pénétrèrent

dans la maison, saccagèrent et pillèrent tout ce qui s'y trouvait, après avoir démoli en partie la maison qui était en bois. Un poêle de fonte qui s'y trouvait fut brisé en pièces ; le bois de chauffage et des instruments de chirurgie furent enlevés. Quelques ossements et deux sujets [corps] qui se trouvaient dans l'un des appartements furent aussi enlevés et portés au cimetière.

Quelques années plus tard, outré par la continuation de cette pratique inqualifiable, le *Journal* adressa, le jeudi 12 janvier 1843, un message spécial intitulé *Avis aux étudiants en médecine* :

> Il paraît qu'on fait revivre, en cette ville, l'ancienne coutume de dérober des corps dans nos cimetières, du moins plusieurs tentatives ont été faites dernièrement dans le cimetière catholique. Le vigilant gardien des restes de nos parents et de nos amis, qui reposent en paix dans leurs tombes, a mis en fuite les profanateurs de ce lieu de repos en leur déchargeant quelques coups de fusils chargés à balle. Il n'est heureusement pas encore résulté d'accidents, mais nous sommes autorisés à dire que toutes les personnes qui seront trouvées dans le cimetière après huit heures du soir en subiront les conséquences. Des mesures ont été prises pour mettre fin à ce brigandage.

Malgré cet avis public, le problème persista. Quelques mois plus tard, soit le jeudi 2 novembre 1843, on déclara un autre cas :

Un sergent attaché à la garnison de Chambly, du nom de Campbell ou Cameron, mort dernièrement, fut enterré dans le cimetière catholique. Dimanche matin, on s'aperçut que la fosse avait été ouverte, le cercueil brisé et le corps enlevé. Après de nombreuses perquisitions, il fut retrouvé intact dans une maison inhabitée du canton de Chambly et inhumé de nouveau hier avec les honneurs militaires dans la commune, à la vue du fort et des sentinelles. On ignore encore qui sont les coupables d'une telle violation des tombeaux.

En 1855, à Québec, ce fut cette fois des vandales qui s'en donnèrent à cœur joie dans un cimetière. Le mardi 5 juin, on apprit que « durant la nuit de mercredi, plusieurs beaux monuments faisant partie de ceux qui ornent le cimetière Mount Hermon ont été brisés, d'autres ont été défigurés ». Le *Journal* annonça « qu'une récompense de 200 $ est offerte aux personnes qui feront connaître ceux qui ont pu se rendre coupables d'une pareille atrocité ».

CONDAMNÉ POUR BLASPHÈME

En novembre 1833, un Montréalais au caractère fougueux a reçu sa sentence du tribunal pour son comportement jugé déplacé lors d'une cérémonie religieuse. Sans dévoiler l'identité de l'homme, la nouvelle fut publiée le jeudi 28 novembre :

On nous informe que mardi dernier, à la cour hebdomadaire, les magistrats ont condamné un individu à une amende d'une piastre et aux frais de poursuite pour s'être, dimanche le 10 novembre, pendant les vêpres ou office divin de l'après-midi, en l'église paroissiale de la paroisse de Montréal, conduit indécemment, avoir causé du désordre, avoir juré et blasphémé le nom de Dieu d'une manière scandaleuse, près de la porte de l'église, et avoir refusé de s'en aller ou d'entrer dans ladite église. Le jugement ordonnait que le défendeur fut emprisonné jusqu'au payement de l'amende et des frais.

IL FUSTIGE SON ÉVÊQUE

Furieux et profondément déçu du comportement de son évêque, Mgr Pierre-Flavien Turgeon, un cultivateur de Berthier fit publier une lettre dans le *Journal*, le jeudi 23 juillet 1835, dans le but de dénoncer publiquement l'affront subi par de nombreux paroissiens. Lors de sa visite officielle à Berthier, le prélat n'avait donné la confirmation qu'à quelques enfants de l'élite locale, oubliant ainsi tous les autres.

Signant sa lettre sous le pseudonyme *Habitant*, ce cultivateur s'exprima ainsi dans son introduction :

Je ne suis qu'un simple habitant de Berthier, mais je paie régulièrement ma dîme à notre bon curé. Je ne suis point bigot ; j'exerce les devoirs de ma religion et j'apprends à mes enfants à en faire autant. Je les ai fait baptiser, ils ont fait leur première communion et je voulais aussi les faire confirmer. Ce qui n'est pas une chose facile, car nos évêques ne viennent pas dans notre paroisse tous les ans. Quand cette cérémonie doit avoir lieu, on a coutume de nous avertir au prône [sermon du dimanche]. Alors, tous les parents s'empressent de préparer leurs enfants à recevoir ce sacrement. Les enfants du riche et du pauvre, du seigneur et du meunier, du marchand et de l'artisan, du médecin licencié et du charlatan étaient confondus dans la foule ; et se pressaient vers les balustres sans distinction de rang ni de personnes.

Ayant exprimé ses convictions religieuses profondes et rappelé la tradition en vigueur relativement à la confirmation, le rédacteur de la lettre décria par la suite l'attitude méprisante de son évêque lors de son passage à Berthier, une visite jugée trop discrète à son goût :

La première nouvelle que nous avons eue du départ de Monseigneur, de son palais à Québec, fut celle de son arrivée ici il y a quelques semaines, à bord de l'*Union Canadienne* [le nom du bateau], avec plusieurs membres du clergé, et aussi notre conseiller législatif, M. Js Cuthberth [...]. Ce dont je me plains en commun avec tous les autres plébéiens de ma paroisse qui paient la dîme, c'est que, sans avis au prône et contre l'usage, Mon Seigneur de Québec, le lendemain de son arrivée, a confirmé un enfant de notre *Législateur à vie* et deux autres enfants du docteur Barbier, son beau-frère, et nos enfants à nous, plébéiens, en leur qualité de vilains, sont restés sans confirmation. Cela est loin de nous plaire et fait bruit dans notre paroisse.

SACCAGE ET TERREUR À SAINT-PIERRE-LES-BECQUETS

Une affaire rocambolesque se déroula dans le village de Saint-Pierre-les-Becquets, durant l'été de 1836, quand une armée de fiers-à-bras saccagea le chantier de construction de la nouvelle église paroissiale. Ce projet divisait la population et le clan des opposants manifesta sa colère avec vigueur. Pour la réalisation du projet, un avis aux entrepreneurs avait été publié dans l'édition du jeudi 10 février 1831 : « Les syndics pour la bâtisse d'une nouvelle église, dans la paroisse Saint-Pierre-les-Becquets, sont prêts à recevoir des propositions pour la bâtisse d'une église de 130 pieds de longueur sur 50 de largeur, avec des chapelles saillantes et une sacristie de 30 pieds carrés. »

Mais, le lundi 1er août 1836, on apprit que des événements tragiques venaient de survenir :

Dans la nuit du 17 ou 18 de ce mois, à une heure et demie, 50 à 60 forcenés, des opposants, masqués, habillés en haillons et autrement déguisés, armés de fusils, se rendirent sur le chantier de la nouvelle église. Ils entourèrent une petite maison construite temporairement pour loger les ouvriers et leurs familles, firent fraction sans égard aux cris des femmes et des enfants qui étaient épouvantés par les hurlements et les menaces de ces monstres. La bouche de l'arme à feu sur la poitrine des ouvriers, ils menacèrent de mort ceux qui oseraient donner l'alarme, ils désarmèrent ceux qui voulurent offrir de la résistance, et les enfermèrent dans la maison.

Ils brisèrent le toit en lançant des pierres dessus, un individu a reçu une sévère contusion. Tandis que la maison était gardée par des hommes armés, les autres étaient actifs à l'œuvre de la destruction. Ils démolirent quatre à cinq pieds de hauteur des murs de l'église, traînèrent les cadres des portes et des soupiraux dans une ravine, et lorsqu'ils furent fatigués ou qu'ils craignirent le jour, ils terminèrent leur scène de destruction en brisant la maison, la mettant en pièces, sans égard pour ceux qui étaient dedans! Le grand jour vint éclairer cette dévastation, ces ruines d'un temple élevé par des chrétiens à un Dieu de paix et de miséricorde, cette croix, signe de notre rédemption, arrachée et mutilée.

Il paraît aussi certain que quelques jours auparavant, une boîte contenant six livres de poudre avait été mise sous la petite maison du maçon; mais que la mèche qui devait y porter le feu s'est éteinte à peu de distance de la boîte. Il ne faut pas avoir horreur du meurtre pour le vouloir avec autant de soin.

Quelques semaines plus tard, soit le jeudi 6 octobre 1836, on annonça les conclusions d'un premier procès au cours duquel on avait fait comparaître un groupe d'individus qui avaient déjà saccagé ce chantier en 1834 :

> La justice tardive, mais exemplaire, est enfin arrivée, et grand nombre des habitants de Saint-Pierre sont les victimes des conseillers perfides qui leur ont été donnés. Trente-sept personnes ont été condamnées, au terme criminel de septembre, du district des Trois-Rivières pour avoir rempli les fondations le 26 juillet 1834.

> Augustin Maras, comme chef, à 50 $ d'amende, un mois de prison et sûreté pour bonne conduite pendant un an.

> Urbain Barril, Raphaël Barril et Jean Roux, chacun 25 $ d'amende, 15 jours de prison et même sûreté.

> L'on calcule que ces 37 personnes ont payé au-delà de 200 livres, sans compter les frais de voyage, la perte du temps.

Quant au saccage survenu au mois d'août de 1836, *La Minerve* n'a pas publié d'autres articles permettant de connaître la suite des événements. On peut supposer qu'un journal de Trois-Rivières, ou de Québec, deux villes situées beaucoup plus près de ce petit village, a probablement fait le suivi quant à cette saga.

UN CURÉ COUPABLE DE DIFFAMATION

« La cour et un jury spécial ont été occupés hier d'une poursuite en diffamation de caractère, portée par monsieur le docteur Côté contre messire Laurent Amiot, curé de Saint-Cyprien », rapporta le *Journal*, le jeudi 17 novembre 1836. Un journaliste fut envoyé au tribunal pour couvrir cette affaire inusitée :

> On reprochait à M. Amiot d'avoir, le 17 juillet dernier, du haut de la chaire, dénoncé un certain individu [le docteur Côté] comme un menteur et un calomniateur, un homme qu'on ne devrait pas fréquenter. Les témoignages étaient assez vagues, tous s'accordaient cependant à condamner le langage du curé comme impropre et inconvenant, et personne ne s'était trompé sur l'individu qu'il voulait désigner.
>
> La charge était forte et la cour s'est prononcée contre le défendeur. M. le juge Rolland, dans le cours de plusieurs observations qui nous ont paru extrêmement judicieuses, a déclaré qu'en principe, un curé qui abusait de sa position dans son église, pour médire et calomnier, était assujetti à une action de dommages tout comme s'il avait tenu ce langage dans une rue publique. Il a qualifié la conduite de M. le curé comme bien "imprudente" pour adoucir les termes et a dit au jury qu'il était temps de faire un exemple d'un abus grave d'un ministère sacré : qu'un curé ne devait pas sortir

de ses attributions de paix et de charité et n'avait pas le droit de signaler qui que ce soit directement ou indirectement à l'animadversion de ses co-paroissiens.

Le jury, après une délibération d'une demi-heure, a rapporté un verdict pour le demandeur, condamnant le défendeur à 45 schellings de dommages. Ce sont des leçons qui auront sans doute leur poids auprès des hommes qui oublient leur premier devoir pour écouter leurs faiblesses et leurs passions. Heureusement que le nombre est petit : c'est une vérité consolante pour les amis du clergé et de la religion.

UN FANATIQUE ANTIRELIGIEUX

Les abonnés du *Journal* furent consternés de lire, le lundi 29 mai 1843, que « pendant l'office du soir à la cathédrale, hier, un grand désordre a été causé par un fanatique d'impiété, qui lança des pierres dans l'église par les fenêtres du côté de la rue de Buade ». Ayant commis son méfait à la cathédrale de Québec, l'individu causa une véritable commotion générale :

Au bruit qu'elles firent [les pierres lancées], l'alarme se répandit parmi les fidèles. Les uns crurent que l'église était attaquée par un attroupement d'orangistes, d'autres que les jubés s'écroulaient, d'autres que c'était un tremblement de terre.

Il fut poussé des cris de désespoir, un homme sauta par la fenêtre dans le cimetière. Et dans le mouvement général qui se fit vers les portes, beaucoup de personnes faillirent être écrasées et plusieurs femmes et enfants perdirent connaissance.

L'individu, cause de ce désordre, fut aussitôt arrêté par la police et conduit en prison. Il a été mené ce matin au bureau de la police et condamné à deux mois de travaux forcés, au pain et à l'eau. Le malheureux a montré le plus grand sang-froid et a déclaré se nommer James Hafford, natif du comté de Longford en Irlande, et avoir servi quatre années dans le 94e régiment. Débarqué à Québec en 1828, il serait parti aussitôt pour les États-Unis, et il les aurait tous parcourus à l'exception de trois. Il a dit qu'il n'avait aucune religion et qu'il ne connaissait pas l'homme qu'on appelait Dieu. Ajoutant qu'il ferait encore la même chose au sortir de la prison et qu'il ne se souciait pas quelle église c'était et qu'il y avait trop d'églises.

Mentionnons que des actes similaires furent également observés à Montréal. «Un outrage d'un nouveau genre a été commis en cette ville dimanche dernier», commenta le *Journal*, le jeudi 14 novembre 1850. Cette fois, «des misérables ont poussé la scélératesse jusqu'à lancer des pierres à travers un châssis de la chapelle Trinity Church, située vis-à-vis le marché Bonsecours».

Le 26 mai 1854, un journaliste constata malheureusement «qu'on a mis en vogue en cette cité une espèce de brigandage très disgracieux qui consiste à briser les châssis des églises ». Il donna ces exemples : « Ceux de l'église du révérend Taylor ont été brisés il n'y a pas longtemps et maintenant nous avons à enregistrer le bris des châssis de Zion Church et de celle de Saint-André. »

LAPIDÉS PAR DES ORANGISTES

« Des troubles sérieux ont eu lieu hier après-midi et durant la soirée dans la rue La Gauchetière, faubourg Québec », révéla le *Journal*, le lundi 5 novembre 1849. Une émeute entre protestants et catholiques avait éclaté près d'une école, à Montréal :

> Des enfants, en sortant de la maison de l'école des frères de la doctrine chrétienne, furent accueillis à coups de pierres par des enfants d'orangistes, ce qui arrive assez souvent dans les quartiers de la ville où il y a des écoles catholiques, et particulièrement au faubourg Québec. Les autres ripostèrent et la mêlée devint générale. Plusieurs personnes d'un âge mûr arrivèrent et prirent part au combat qui devint acharné de part et d'autre. Plusieurs vitres de la maison d'école des frères furent brisées, et plusieurs personnes reçurent des blessures considérables. Environ 500 personnes, tant combattant que spectateur, se trouvaient sur le terrain. La police parvint à s'emparer de plusieurs de ces misérables. Dans la soirée, le tumulte continua et le sergent de police O'Brien fut tellement

maltraité à coups de pierres qu'on a désespéré de sa vie ; il est un peu mieux maintenant.

Treize des émeutiers arrêtés par la police ont été traduits ce matin devant les magistrats de police. Quelques-uns ont été envoyés en prison et d'autres admis à caution.

VIOLENTE BAGARRE
À L'ÉGLISE

En 1854, lors d'une campagne électorale, un violent affrontement éclata entre des adversaires durant la messe, dans l'église de Baie-Saint-Paul. Le mardi 19 décembre, on publia la lettre d'un paroissien qui fut témoin de la bagarre :

> Notre paroisse a été le théâtre hier, jour de la fête de la Conception, de scènes sanglantes. C'est l'âme pleine d'angoisse et de pénibles sentiments que je mets la main à la plume pour signaler ces faits déplorables. Il est triste de songer aux haines et aux passions soulevées, non seulement dans notre paroisse, mais dans tout le comté du Saguenay, au sujet de la nouvelle élection. M. Huot, notre ex-représentant, n'est point encore descendu nous visiter, mais M. Langlois, son adversaire à la dernière élection, est venu visiter le comté et a été l'occasion de scènes dont le récit me répugne. La lutte a commencé à l'issue de la messe et a été terrible. On a eu recours de part et d'autre à des

armes meurtrières. Pendant que ses partisans se battaient pour lui, M. Langlois a été obligé, pour sa sûreté, de se réfugier dans le cimetière et de s'y cacher. Plusieurs personnes ont été blessées et quelques-unes sérieusement.

Ajoutant «que des troubles sérieux ont eu lieu aussi dans le village de Saint-Irénée», le brave homme fit ce vœu: «Espérons que l'excitation se calmera et qu'on n'aura plus à déplorer à l'avenir des faits semblables.»

CHARBONNEAU VOLAIT L'ARGENT DES PAUVRES

Le vendredi 23 mars 1855, un journaliste se disait heureux d'annoncer l'arrestation de Joseph Charbonneau, un Montréalais qui avait l'habitude de voler des sommes d'argent destinées aux plus démunis:

> Des sommes d'argent considérables ayant été enlevées d'une maison d'école ainsi que du tronc des pauvres dans une chapelle de la rue Champlain, les recherches faites pour parvenir jusqu'à l'auteur de ces soustractions avaient été vaines. Les soupçons se portèrent sur un individu à mine suspecte que l'on voyait se rendre chaque jour à la chapelle comme pour s'y acquitter d'un acte habituel de dévotion. Cet homme fut épié. Bientôt, des indices suffisants conduisirent à le faire reconnaître pour le possesseur des objets volés. On l'arrêta la semaine dernière et il fut aussitôt écroué pour attendre son procès.

OPINIONS

**Le lundi 30 janvier 1837, on publia un éditorial intitulé
Sacrilège, dans le but de condamner les individus qui
commettent des vols dans les églises.**

Les vols ou tentatives de vols dans les églises, autrefois
inconnus en ce pays, commencent à se multiplier d'une
manière effrayante. Il n'y a pas bien des années encore
que nos églises pouvaient demeurer ouvertes toutes les
nuits, sans crainte qu'on osât y pénétrer et souiller le saint
lieu en portant une main profanatrice sur le moindre
objet qui s'y trouvait. Maintenant les vases sacrés mêmes
ne sont plus en sûreté dans nos tabernacles, depuis un
certain temps, et il s'écoule rarement une année sans
que nous ayons à annoncer quelques vols sacrilèges.

**Ce genre de crime n'ayant absolument pas diminué
avec les années, le *Journal* décida de publier un autre
message, le lundi 17 juin 1844, pour donner des
conseils aux responsables des fabriques.**

Il nous semble qu'on devrait abandonner maintenant
l'usage de conserver l'argent des fabriques dans les
églises ou dans les sacristies, comme cela se pratique
encore dans plusieurs de nos campagnes. C'est un appât
pour les voleurs et un moyen pour les pousser au crime.
Autrefois, le vol sacrilège était inconnu dans le pays. De
fortes sommes étaient déposées dans nos temples et à
peine était-il nécessaire d'en fermer les portes pour les

garantir du pillage. Nous pensons que les deniers des fabriques seraient plus en sûreté dans nos banques, dont le crédit est si bien établi.

L'OBSERVANCE DU DIMANCHE

Le jeudi 18 juillet 1850, le *Journal* publia un virulent et sarcastique éditorial pour s'opposer aux signataires d'une pétition demandant au gouvernement du Canada de voter une loi pour imposer l'observance du dimanche en interdisant le service postal ainsi que l'ouverture des bureaux de poste.

Nous devons charitablement supposer que les pétitionnaires ont une *bonne* raison d'agir en cette occasion et essayons donc de la trouver. Eh! Bien, c'est sans doute pour rendre un grand hommage à Dieu et pour que son nom soit mieux béni ce jour-là! Mais cette supposition ne peut supporter l'examen […].

Par rapport aux bureaux de poste, ne sait-on pas que le dimanche ils ne sont ouverts qu'à certaines heures, en sorte que tout bien considéré, sous le système actuel, les employés des Postes peuvent remplir leurs devoirs religieux […]. Pourquoi les pétitionnaires ne demandent-ils pas tout de suite à la législature de défendre de voyager le dimanche? Pourquoi ne demandent-ils pas de prohiber la vente le dimanche de ces fruits et friandises qu'on trouve exhibés au centre même de nos villes? Pourquoi ne veulent-ils pas faire défendre aux bateaux à vapeur de faire le dimanche des tours de plaisir? […]

Une pareille loi serait en effet un fâcheux précédent, car une fois sa passation obtenue, on irait au parlement demander une autre mesure pour diminuer encore la liberté du citoyen, sous prétexte de faire observer le dimanche. C'est ainsi qu'on voudrait bientôt défendre le chant ou la musique dans les maisons, alléguant que ce sont des amusements indécents et inconvenants le dimanche. On empêcherait les ouvriers et autres personnes, qui travaillent les six autres jours, de pouvoir s'embarquer sur un vaisseau à vapeur et aller passer quelques heures à la campagne et y respirer le bon air qu'on a en si petite dose dans les villes […]. On a fait dans d'autres pays, en Écosse et dans la Nouvelle-Angleterre, par exemple, ce que nous venons de rapporter. Et qu'a-t-on obtenu? Que le peuple soit devenu plus religieux? Pas du tout. On a obtenu que les maisons d'intempérance [débits de boissons alcoolisées], de jeu et de débauche aient fait fortune!

LES SECTES ABUSENT

À la suite du décès de deux personnes des Cantons-de-l'Est, mortes d'angoisse à l'annonce de la fin du monde, on publie, le jeudi 2 février 1843, une virulente sortie contre les membres des sectes, comme celle des *Millerites*, disciples du prédicateur méthodiste américain William Miller. Ce dernier avait annoncé que la fin du monde et le retour sur terre du Christ auraient lieu le 21 mars 1843[24].

Est-ce bien au 19e siècle où de pareils imposteurs osent se montrer et faire des dupes? Oui, des dupes. Il n'existe plus de doutes qu'aux États-Unis un grand nombre de personnes se sont laissées persuader que la fin du monde arrivera au mois d'avril prochain.

Nous voyons par la *Gazette de Sherbrooke* que cette *épidémie* s'est répandue jusque dans les *townships*. Un jeune homme de Brownington et une jeune demoiselle de Barton ont soudainement perdu la raison après avoir entendu prêcher ces misérables fanatiques, et furent si effrayés qu'ils moururent tous les deux au bout de quelques jours dans des angoisses terribles. Est-ce que nos lois sont impuissantes dans des pareilles circonstances ? Ne peuvent-elles pas atteindre de semblables brigands qui s'érigent en prédicateurs pour annoncer des choses sur lesquelles ils ne sont pas plus instruits que le reste des hommes ? Ne peuvent-elles pas atteindre ces faux prophètes, ces intrigants qui surprennent la bonne foi des esprits faibles pour leur ravir leur raison et même leur vie ? N'a-t-on pas vu de ces misérables s'approprier le bien de ceux qui croyaient à leur doctrine sous prétexte que la fin des temps étant arrivée, leurs biens leur devenant inutiles ?

Montréal, 1er mai—dim

Dissolution de Société

La société ci-devant existant entre les Soussignés sous les noms de DUMAS & NEVEUX a été dissoute par consentement mutuel. Toutes dettes dues à et par la ci-devant société seront réglées par GEORGE N. DUMAS, qui seul est autorisé à cette fin.

GEORGE N. DUMAS,
JOSEPH T. NEVEUX

Montréal, 1 mai 1855.

Etalon pour le service des Juments

Le soussigné possédant un superbe ETALON supérieur à tout autre en Canada, [fin ambleur] le tiendra pour le SERVICE DES JUMENTS durant cet e saison. Ses prix sont de £1 pour le premier service, 10s. pour le second et le troisième est à la chance.

S'adresser sur les lieux, à Verchères, à
XAVIER PRIVÉ.

3 mai—dip

PELLETIER & BELANGER,
AVOCATS,

Ont transporté leur bureau sur la rue du Champ de Mars, No. 65.

C. E. BELLE,
AGENT DES BOIS DE LA COURONNE

A transporté son bureau au coin des Rues St. Gabriel et Ste. Thérèse, Montréal.

3 mai—cha

Changement de Résidence.

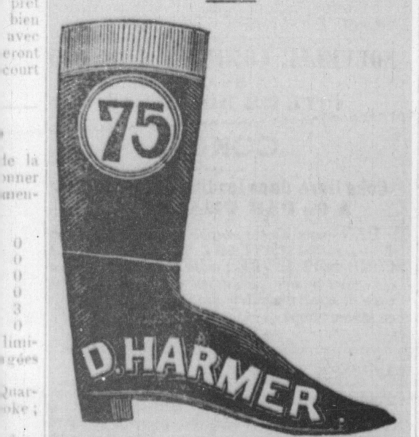

LE soussigné, tout en remerciant ses amis et pratiques pour leurs faveurs passées, veut les informer qu'il

A transporte son Magasin le 1er. Mai

dans la maison de brique, N. 75, au coin des rues Lagauchetière et St. Laurent, [douze portes plus haut que l'ancienne place, sur le même côté de la rue]. Il vient de manufacturer un grand assortiment de tous articles dans sa ligne et il est capable de fournir les meilleurs articles que l'on puisse trouver en cette ville et au bas prix ordinaire.

DANIEL HARMER,

Montréal, 2 mars—hm

PAR

UDGER DUVERNAY,

No. 5, Rue St. Jean Baptiste.

CONDITIONS.

ERVE se publie deux fois par semaine, le
le Jeudi soir. L'abonnement est de QUATRE
es par année, outre les frais de la Poste lorsque
er est envoyé par cette voie, et payable A
NDE, dans le cours de chaque Semestre.

nes qui désirent discontinuer leur abonnement
en donner avis au moins un mois avant l'ex-
du dernier semestre, et payer leurs arrérages,
nt ils seront considérés comme souscripteurs
semestre suivant.

tissemens seront reçus avec reconnaissance et
au taux ordinaire. Ceux qui ne seront pas
gnés de directions . . . .
re contaire et débité . . . .
abonne, à Montréal, au bureau du Journal,
ibrairie Française de Messrs. Fabre & Cie.
Messieurs les Agens.

6e partie

DES FAITS INSOLITES

L'amateur d'almanachs.

Un professeur de Saumur, avait l'habitude de passer cinq heures tous les jours, dans son cabinet, mais ne manquait jamais de se trouver à table, à l'heure précise du dîner.—Un jour qu'il s'était oublié, sa femme vint l'appeler, et le trouva encore occupé de sa lecture. "Je voudrais bien, mon bon ami, (dit la dame) être libre." "Pour quoi cela?" reprit le professeur.—"Parceque vous ne seriez si constant."—"Je n'y aurais pas la moindre objection, pourvu que vous fussiez un almanach?"—Et pourquoi un Almanach?—"C'est qu'il m'en faudrait un nouveau tous les ans.

Quand les modes commencent à vieillir à Paris, les Marchandes de mode, envoient tous leurs objets de au nord, c'est-à-dire en Suède et en Russie. Il y a quelques années, qu'un bâtiment chargé de marchandises de ce genre, périt dans le canal de St. Pétersbourg.—Le lendemain, des pêcheurs trouvèrent dans les filets, un Saumon vêtu d'une robe de satin, et deux en mouchoirs de mousseline broilée au col. Bientôt on vit les Requins se promener en robes du goût le plus nouveau; et il n'y avait pas un seul poisson dans la Neva, qui ne se fut approprié quelqu'articles des modes de Paris les plus nouvelles qui aient jamais été reçues dans ces contrées.

Vieillesse extraordinaire.

Il y a maintenant dans le voisinage du Lac Champlain, un homme âgé de 133 ans. Il est Allemand de naissance, était dans les gardes du corps de la Reine Anne à l'époque de son couronnement en l'an 1702, et avait alors 18 ans. Il resta soldat jusqu'à la fin de la guerre de France, et passa ensuite en Amérique. Il se tient fort droit et marche assez vite, a de beaux cheveux à peine gris, voit et entend bien, et a les idées d'enfantillage qu'on découvre ordinairement dans les vieillards de 80 ans. Il a la tournure militaire, et est fier de la tempérance avec laquelle il a toujours vécu, n'ayant jamais bu de liqueurs spiritueuses. Ce qu'il y a de plus remarquable, c'est qu'il a eu plusieurs femmes, et que son plus jeune enfant n'a que 28 ans! ce qui fait qu'il avait 105 quand il est né.

A la Cour d'assises du département de Vaucluse, tenue à Carpentras en France, un homme appelé Carpanier a été mis en jugement pour avoir tué sa propre fille, dont le corps a été trouvé dans un puits avec deux blessures profondes à la poitrine et une grosse pierre attaché à son cou. Le malheureux prisonnier, ayant été amené devant la cour, semblait ignorer ce qui se passait autour de lui; ses lèvres étaient en mouvement comme s'il priait intérieurement ou se parlait à lui-même; ses regards et ses gestes indiquaient que l'homme n'avait plus sa raison; quand le président lui demanda comment il s'appelait, il le regarda mais ne répondit pas plus que s'il n'avait pas entendu la de...

DES PROUESSES
DE VIEILLARDS

Un vieux vigoureux

Le jeudi 1ᵉʳ novembre 1827, on fit l'éloge d'un homme âgé de 133 ans qui habitait dans la région du lac Champlain, sans toutefois mentionner son nom, ni celui du village où il résidait. Né en Allemagne, « il était dans les gardes du corps de la reine Anne à l'époque de son couronnement en l'an 1702 et il avait alors 18 ans ». Il vint par la suite s'établir en Amérique.

« Il se tient fort droit et marche assez vite, a de beaux cheveux à peine gris, voit et entend bien, il a la tournure militaire et est fier de la tempérance avec laquelle il a toujours vécu, n'ayant jamais bu de liqueurs spiritueuses », assura-t-on. « Ce qu'il y a de plus remarquable, c'est qu'il a eu plusieurs femmes et que son plus jeune enfant n'a que 28 ans, ce qui fait qu'il avait 105 ans quand il est né ! », conclut le journaliste visiblement impressionné.

Une maman performante

Intitulée *Phénomène* et publiée le lundi 6 décembre 1830, une nouvelle surprit les lecteurs en dévoilant que « dans le courant du mois d'octobre dernier, une femme mariée en secondes noces au dénommé Ambroise Brisson, cultivateur de la paroisse de Saint-Jacques, et âgée de 71 ans, a mis au monde un enfant qui a été porté au baptême et qui est encore bien portant, à ce qu'on dit ». « Le père est lui-même âgé de 80 ans et a un fils âgé de près de 60 ans », indiqua le *Journal*.

Le décès d'un illustre Acadien

Le jeudi 29 décembre 1842, le public fut mis au courant de la mort « du dernier Acadien en Canada » : « Le vénérable patriarche, Alexis Chenet, natif de l'Acadie, est mort à Saint-Denis [Richelieu], le 12 décembre, à l'âge avancé de 106 ans. » Le journaliste mit en évidence que l'homme avait été l'« un de ceux qui virent tous ses compatriotes chassés de leur terre natale et transportés dans les colonies anglaises, maintenant les États-Unis ».

Dans le cas de Chenet, « il fut lui-même mis à bord d'une frégate anglaise, où il fut retenu durant 12 ans comme matelot ». Une fois libéré, il quitta l'Angleterre pour venir au Canada : « Il se fixa à Saint-Denis, à l'âge de 25 ans, et ce fut lui qui, en 1761, coupa le premier arbre et qui défricha la quatrième concession de cette paroisse. » Au sujet de sa descendance, on rapporta qu'« il laisse 9 enfants et 71 arrières-petits-enfants ».

Surnommée le *Grand dérangement*, la déportation des Acadiens par les Anglais eut lieu en 1755. Alors que plusieurs furent envoyés en Angleterre, des milliers d'autres Acadiens se retrouvèrent, entre autres, dans plusieurs États américains, dont ceux de la Nouvelle-Angleterre ainsi qu'en Géorgie, en Caroline et en Virginie[25].

UNE SORELOISE ÉTONNANTE

« Il existe actuellement au village de Sorel une personne dont la vie a quelque chose de remarquable », fit savoir un journaliste, le lundi 3 juin 1850.

Âgée de 95 ans, cette femme s'appelait Théotiste Vignola et était l'épouse de feu Louis Lefort, cultivateur. À l'âge de 80 ans, la pauvre femme perdit complètement la vue, « ne pouvant même pas apercevoir la lueur d'une chandelle ». Probablement méfiante des médecins de l'époque, « elle refusa obstinément les soins médicaux, disant que Dieu l'avait ainsi affligée pour lui faire pénitence de ses fautes avant de mourir ». Elle se réfugia dans la prière et, « après l'espace de 11 ans, la vue lui a été rendue et elle voit aussi bien aujourd'hui qu'à l'âge de vingt ans ». Malgré son âge très avancé, « elle possède encore son jugement intact », indiqua-t-on.

LA MORT D'UN CONQUÉRANT

Dans l'édition du jeudi 23 janvier 1851, on annonçait le décès de George Sinnet, qui résidait à Brighton, en

Nouvelle-Écosse, à l'âge de 120 ans : « Il était le dernier de l'armée de Wolfe au bombardement de Québec en 1759. »

DES NAISSANCES ÉTONNANTES

ELLE N'A PAS SURVÉCU

À Montréal, le jeudi 13 mars 1843, on sut « qu'une femme, du nom de Paradis, [avait] mis au monde la semaine dernière une petite fille qui avait trois yeux, quatre bras, quatre jambes très bien formées, ainsi que deux nez et deux bouches ; un des yeux se trouvait au milieu du front, il était un peu plus grand et un peu plus haut que les deux autres ». Heureusement pour elle, « cette enfant n'a vécu que quelques minutes après sa naissance ».

LES QUADRUPLETS DE MATANE

Le jeudi 17 avril 1845, un fait peu commun survint en Gaspésie. Dans une nouvelle intitulée *Rare fécondité*, le *Journal* mentionnait « qu'un de nos correspondants nous a écrit de Matane qu'une dame de cet endroit, âgée de trente-quatre ans et mariée depuis près d'une année, vient de mettre au monde quatre enfants qui sont tous vivants et bien portants, ainsi que leur mère ».

Des siamois à Sorel

« La femme d'un dénommé Charles Pagé, de Sorel, vient de donner le jour à deux enfants du sexe masculin, liés depuis le bas de la poitrine jusqu'au sommet de la tête », confirma-t-on le jeudi 5 mars 1846. Le journaliste donna plus de détails sur leur état :

> Les quatre bras, les quatre mains, les quatre jambes et les pieds sont bien formés et très distincts. Les deux têtes sont tellement liées ensemble qu'on n'en aperçoit qu'une seule au premier coup d'œil, mais les deux visages se dessinent très bien ; deux bouches, deux nez, etc. Mais on aperçoit que trois yeux et deux oreilles.

Bien qu'ils soient venus au monde vivants, le *Journal* confirma que ces siamois étaient décédés peu après l'accouchement.

Cette triste histoire ne se termina pas ainsi. Dans ce cas, il est plutôt troublant d'apprendre que des promoteurs de spectacles « ont […] offert au père de ces enfants des sommes considérables pour en faire l'acquisition ». Imaginez : des siamois dans le formol présentés comme objet de curiosité ! Et la réaction du père fut tout aussi troublante quand il confirma au journaliste « qu'il doit les exhiber lui-même à la curiosité publique et qu'il sera à Montréal tout prochainement ». On verra des exemples ci-après, il était fréquent à l'époque que des personnes ayant un physique hors de l'ordinaire (plus grand, plus petit, plus laid, etc.) s'offrent en spectacle. Le public était prêt à payer pour les voir.

UN *SHOW* DE NAINS

Le lundi 17 février 1834, un promoteur fit paraître une annonce intitulée *Curiosité étonnante – Les Nains américains (L'époux et l'épouse)* :

> M. et Mme Booth se mettront en exposition pour quelques jours seulement au Café de l'Union, tenu par M. Privat, Place d'Armes. M. Booth a 36 pouces de hauteur, est bien proportionné, jouit d'une bonne santé et a 40 ans.
>
> Madame Booth a 32 pouces de hauteur, est bien proportionnée, jouit d'une bonne santé et a 26 ans.
>
> Comme ils n'ont pas d'autres moyens de gagner leur vie que leurs efforts individuels, ils se flattent que le public voudra bien les encourager. Heures d'admission : depuis 10 heures du matin jusqu'à neuf heures du soir.

UN BÉBÉ EN VEDETTE

Un nouveau spectacle fut annoncé à Montréal, le lundi 14 mars 1836. Une publicité invita la population à venir voir un bébé de 10 mois pesant 90 livres :

Cette jeune fille, qui a été baptisée dans l'église de la paroisse de Saint-Rémi, sous le nom d'Adélaïde Scott, sera montrée par curiosité pour quelques jours seulement, au Café Français, rue Notre-Dame.

Cette enfant extraordinaire est née le 10 de mai dernier. Elle pèse 90 livres et elle est haute de deux pieds et demi et la circonférence de son corps est de deux pieds et deux pouces.

Les parents de cette enfant étant pauvres, le public ferait un acte de charité en les visitant. Les heures d'exhibition sont de 9 heures du matin à midi, et de 2 heures à 9 heures dans l'après-midi. Prix: trente sols, enfants moitié prix.

DES BÊTES SAUVAGES RÔDENT

LES LOUPS

À Stanstead, « les loups sont dernièrement sortis de leurs repaires pour se montrer au milieu des habitations », écrit-on dans l'édition du jeudi 17 mars 1831. Le vendredi 11 mars, à proximité du village, des témoins avaient vu trois loups s'en donner à cœur joie au milieu d'un troupeau de moutons, dont deux furent attaqués et puis étranglés.

Vraiment étonné par ce phénomène inédit, le journaliste ajouta que «nous avons entendu cet automne et cet hiver plusieurs personnes se plaindre d'avoir eu des moutons dévorés par ces animaux carnassiers». En guise d'exemple, le *Journal* mentionna : «Un homme, de la colline Brown, à ce que nous croyons, en a eu cent d'étranglés dans une seule nuit.»

LES RENARDS

Intitulée *Capture remarquable*, une brève nouvelle fit mention, le lundi 12 mai 1851, du fait «que M. Paul Deschamps, des Tanneries des Rolland [quartier Saint-Henri], a attrapé dernièrement au bout des terres de la Côte-Saint-Paul, paroisse de Montréal, treize renards plus gros que des chats». Importante capture pour ce trappeur, «la mère seule, qui est de couleur noire, s'est échappée». Le journaliste avança qu'à sa connaissance «une capture semblable n'a peut-être jamais eu lieu dans les limites de la paroisse de Montréal».

UN ORIGNAL

Les citoyens de Vaudreuil eurent toute une surprise, le vendredi 14 octobre 1834, quand un orignal, «de 6 pieds de haut sur 7 pieds 7 pouces de longueur», vint s'y promener pour s'amuser à courir dans un champ avec des chevaux. La pauvre bête «fut aussitôt poursuivie par deux ou trois hommes armés de fusils qui l'abattirent en peu d'instants».

Des loups-marins

Le jeudi 7 avril 1853, on fut ahuri de savoir que de la visite rare s'était pointé le bout du nez dans le secteur actuel du Vieux-Montréal : « Un loup-marin, d'une grosseur remarquable, nous dit-on, est venu se chauffer au soleil, hier avant-midi, sur le quai de la place Jacques-Cartier, dans notre port. » Le spectacle fut cependant de très courte durée, car « un chasseur a tiré dessus et pense l'avoir atteint, vu qu'il s'est débattu convulsivement dans la mare d'où il était sorti, mais il a disparu sous la glace ».

Le mardi 21 août 1855, on lisait que ce fut cette fois au tour des citoyens de Repentigny de recevoir la visite d'un phoque : « On nous informe qu'il a été pris, le 2 août courant, dans la rivière L'Assomption, un loup-marin, pesant 180 livres. » Ce fut là son dernier voyage dans la région montréalaise, car des chasseurs tuèrent l'animal « dont on a retiré 7 gallons et demi d'huile ». « Sa capture fut opérée à trois quarts de lieue environ du fleuve par les nommés Louis Ratelle, N. Nattinville, Ludger Marchand, Napoléon Lapierre et Alexis Piché. »

Terreur en Mauricie

La population du comté de Saint-Maurice fut prévenue, le jeudi 20 juillet 1848, qu'un animal sauvage « [venait] de faire son apparition dans la paroisse de Yamachiche où il s'est fixé ». « Il ne s'agit de rien de moins que d'un animal carnassier qui jette partout l'épouvante et qui a déjà causé des dépradations considérables en dévorant des moutons, des veaux et même des porcs pour assouvir sa voracité gloutonne.» Certains témoins pensèrent qu'il s'agissait d'une lionne s'étant «réfugiée dans un petit bois à une lieue du village où elle a été vue avec deux lionceaux».

Mais, puisqu'une panthère avait déjà été tuée dans le comté de Beauharnois, le journaliste émit l'hypothèse que «l'animal vorace qui est actuellement dans le comté de Saint-Maurice soit une panthère que l'on rencontre fréquemment dans le sud de l'Amérique». Cette bête sauvage s'était peut-être aussi sauvée de chez son propriétaire; «ce qui fait croire que cet animal a dû être apprivoisé, c'est qu'il s'est promené dans le village, sans s'inquiéter de ceux qui la regardaient passer». Des villageois confirmèrent d'ailleurs «qu'un gros chien fut lâché après, mais la lionne se retourna en poussant un rugissement terrible, ce qui mit le chien en fuite, en criant comme s'il eut été écorché vif».

Cet événement inhabituel «rappelle qu'il y a 12 ou 13 ans, une panthère a été tuée au Pied-du-Courant [à Montréal], par M. Bourbonnière, qui s'en était saisi au moyen d'une corde en nœud coulant lorsqu'elle traversait le fleuve à la nage», d'ajouter le journaliste.

LES OURS

L'ours est l'animal sauvage qui a fait l'objet du plus grand nombre de reportages dans *La Minerve*, entre 1826 et 1856, dont voici quelques exemples.

Le lundi 12 septembre 1836, le *Journal* confirma avoir «reçu une lettre de Trois-Rivières qui représente cet endroit comme infesté d'ours». Imaginez la scène: «Ces animaux viennent jusqu'à la ville et sont assez hardis pour se promener dans les rues la nuit.» L'auteur de la lettre assura que plusieurs ours [avaient] été tués dans les environs de la ville, et donna cet exemple: «Entre les Trois-Rivières et la Pointe-du-Lac, il en a été tué plus de trente.»

L'automne de 1836 semble avoir été mémorable au Québec en ce qui a trait à la présence accrue d'ours en milieu habité par des humains. Le lundi 17 octobre 1836, un journaliste ajouta d'ailleurs que «ce n'est pas seulement au nord du fleuve, dans les environs de Trois-Rivières et ailleurs, que les ours se sont montrés cette année en plus grand nombre que de coutume». Il relata alors cet autre exemple survenu en Estrie: «Le journal de Frelighsburg de mardi dernier rapporte qu'il en a été vu plusieurs dans Shefford et que la semaine dernière, à une demi-lieue de Frelighsburg, il en a été tué un qui avait environ 4 pouces de graisse sur le dos.»

L'année suivante, des citoyens montréalais sont demeurés estomaqués de voir un ours se balader dans des rues de la ville! Dans la nuit du mardi 26 mars 1837, vers trois heures, des policiers affirmèrent avoir vu un ours: «Il fut aperçu premièrement sur la Pointe-à-Callières, et plus tard par l'homme [policier] qui était en station au coin de la rue Saint-Lambert.» L'animal «se dirigeait alors vers le faubourg Saint-Laurent». Selon des informations obtenues par des témoins, «on pense que c'est un ours apprivoisé que quelque particulier de cette ville tenait enfermé dans une cour et qui se serait échappé ».

Puis, le mardi 30 octobre 1854, on racontait cette fois « qu'un ours énorme s'[était] promené dans le village de Nicolet, nous dit-on, jeudi après-midi » et que « personne ne s'attendant à une telle visite, on ne lui a fait point de mal, car c'était plus une curiosité à voir qu'un animal féroce à tuer ».

Pour d'autres personnes, la présence d'ours tourna cependant en tragédie.

Au nord de la ville de Québec, le mardi 9 septembre 1851, on lut que « la semaine dernière, à Stoneham, un jeune homme de 14 ans [avait] été tué par un ours, et son père en voulant le secourir [fut] grièvement blessé par la bête féroce ». On prévint alors les lecteurs que « les bois au nord de Québec sont, cet été, infestés d'ours qui ont fait de grands dégâts dans les champs et tué beaucoup d'animaux domestiques ». D'ailleurs, le journaliste confirma que « nous voyons, par les journaux des provinces de l'Est [les Maritimes], que les ours y font aussi de grands ravages parmi les troupeaux et attaquent les hommes avec une audace extraordinaire ».

Le mardi 6 juin 1854, un journaliste publia un reportage sur le décès d'un citoyen du comté de Portneuf : « Le coroner a été appelé à faire une enquête à Saint-Raymond sur le corps d'un cultivateur nommé J. B. Cantin, qui a perdu la vie dans un combat avec un ours lundi dernier. » Selon des témoignages, « il paraît que sur les midi du même jour, cet ours que l'on avait déjà remarqué dans les environs, s'étant jeté sur une de ses vaches, il prit la résolution de poursuivre l'animal sauvage armé d'un fusil, et sur le soir, on entendit le bruit d'une décharge d'arme à feu à une grande distance ». Comme M. Cantin tardait à revenir à la maison, ses voisins partirent à sa recherche. Ce ne fut que le lendemain qu'on retrouva son cadavre. « Cantin était complètement défiguré, et on apercevait son arme cassée en plusieurs morceaux autour de lui. » « Près de là, l'ours était étendu sans vie, percé de deux balles dans le flanc et une autre dans l'épaule. » « Cantin laisse une famille de cinq enfants », déplora le journaliste.

PLOUF !

Alors qu'il ronflait paisiblement sur le pont d'un navire, un soldat n'aurait jamais pensé vivre un réveil aussi soudain et brutal. Le récit de sa mésaventure fut publié le lundi 14 mai 1827 :

> Un soldat du 71ᵉ Régiment, passager dans le *Chambly*, venant de Québec, s'étant endormi sur une des ailes du vaisseau, tomba à l'eau dans la nuit de mercredi dernier, vis-à-vis la Longue Pointe [à l'est de Montréal]. Malgré tous les efforts de l'équipage, on ne put le retrouver. Il nagea vers la terre et reçut l'hospitalité d'un habitant qui l'amena le lendemain dans sa voiture pour rejoindre sa compagnie qui l'avait cru noyé.

EXPLOIT AUX CHUTES NIAGARA

Au cours des siècles, et encore de nos jours, réussir un exploit aux chutes Niagara a toujours attiré l'attention. Le jeudi 30 août 1827, on annonça qu'aurait lieu une de ces expériences :

> Le samedi 8 septembre prochain, à 3 heures après-midi, la goélette *Michigan*, du port de 136 tonneaux, sautera les rapides et la cataracte de Niagara. Ses écoutilles et autres ouvertures seront fermées, de manière à empêcher que l'eau n'y entre. Il aura un équipage en effigie [des mannequins], et portera en outre sur son pont divers animaux sauvages et domestiques, tels qu'ours, chiens, chats, etc. Il sera escorté jusqu'à l'entrée des rapides par des chaloupes qui donneront la direction la plus sûre et la plus convenable. Et s'il passe les rapides et arrive au bord de la cataracte, au Fer-à-cheval, sans accident, on pense qu'il pourra effectuer le saut de 160 pieds sans se briser.

LA FIN DU MONDE

« Miller, le *prophète*, vient de publier une lettre dans un journal de Philadelphie, où il dit que Jésus le Christ viendra prendre possession de la terre avec tous ses saints, quelque temps entre le 21 mars 1843 et le 21 mars 1844 », publia le *Journal,* le lundi 27 février 1843.

Commentant cette déclaration insolite, le journaliste ne put se retenir d'ajouter ce commentaire : « Ce qui peut paraître surprenant c'est qu'on n'ait pas encore enfermé le bonhomme Miller dans un hospice d'aliénés. » Mais, coup de théâtre, le jeudi 13 avril 1843, alors que le *Journal* confirma, avec un brin d'ironie, le décès de ce prétendu visionnaire : « Le fameux prophète Miller, qui annonçait que la fin du monde devait arriver en mars ou en avril, vient de mourir pour prouver que sa doctrine, fausse pour d'autres, était vraie au moins pour lui ! »

LE *GÉANT CANADIEN* EST EN VILLE

Le lundi 9 mars 1829, le *Journal* fut heureux d'annoncer une bonne nouvelle à la population montréalaise : le célèbre *Géant canadien* donnait enfin un spectacle en ville. Malheureusement, le journaliste ne dévoila pas le véritable nom de ce colosse. Voici la nouvelle :

> On voit maintenant au Mansion House un homme remarquable par sa taille, sa pesanteur et sa force. Il est né dans le district des Trois-Rivières et est âgé de 63 ans. Il pèse 619 livres et a 6 pieds quatre pouces et demi de hauteur. Il mesure 6 pieds 10 pouces au tour de la ceinture, 40 pouces au tour du gras de jambe et 3 pieds 10 pouces au tour de la cuisse. On le représente comme capable de balancer d'une seule main un poids de 8 quintaux. Il passera quelques jours à Montréal, en route pour l'Europe et les États-Unis.

UN CONCOURS DE CALAGE D'ALCOOL

De nos jours, les concours de calage d'alcool, particulièrement populaires chez les cégépiens et les universitaires, ne manquent pas de défrayer chaque année la manchette. Serez-vous étonné d'apprendre que ce sport extrême ne date pas d'hier ? Voici ce que publiait le *Journal* le lundi 8 juin 1829 :

> Il existe à Londres des écoles où l'on enseigne l'art de boire de façon que l'ivresse est mise, parmi les Anglais, au rang des arts libéraux.
>
> Il est une dernière manière de boire, dont je n'ai pas parlé, c'est le *Drink for a Muggle* : six personnes se placent autour de bouteilles pleines. La première personne prend un verre, contenant une demi-bouteille, et le vide. La seconde personne boit deux verres. La troisième, trois. La quatrième, quatre. La cinquième, cinq. La sixième, six.
>
> Alors, le premier buveur recommence et boit sept verres, le second huit. Pour tout dire, nos six champions continuent successivement de boire de la sorte, en observant que le dernier buveur ajoute toujours un verre. Ce petit divertissement, d'espèce nouvelle, ne finit que lorsque chacun des six athlètes a bu à trois reprises différentes. Ainsi, le premier d'entre eux se trouve à boire vingt et une demi-bouteilles, et le sixième, trente-six.

LA DERNIÈRE MODE À PARIS

Des lecteurs se souviendront de l'apparition, durant les années soixante, d'une nouvelle mode : les pantalons à pattes d'éléphant. Publiant un reportage sur les vêtements qui étaient maintenant à la mode en 1829 à Paris, *La Minerve*, le lundi 14 septembre, mentionna que les hommes « portent des pantalons si larges et si longs que les pieds en sont couverts ; on les appelle *pantalons à jambes d'éléphant* ».

ENCORNÉE PAR UN TAUREAU

Le jeudi 24 juillet 1834, un journaliste publia la triste nouvelle « qu'à Sainte-Foy, hier au matin, Mme Poitras, femme âgée, en trayant ses vaches, a été violemment frappée dans le ventre par les cornes d'un taureau qui lui ont fait une ouverture considérable ». Déplorant ce désolant accident, il assura que « le docteur ayant été appelé à temps lui cousit l'ouverture et l'on espère qu'elle en réchappera ».

LE CADAVRE DE LONGUEUIL

« Il est de ces choses qui tiennent tellement aux intérêts publics qu'il est du devoir de tout citoyen de les dénoncer », pesta un lecteur, le lundi 5 octobre 1835, signant sa lettre sous le pseudonyme *Un passant*. Il expliqua les raisons de sa colère et de son dégoût :

Il y a environ 18 jours que le corps d'un individu inconnu, noyé depuis quelque temps, fut trouvé sur le rivage. Après l'enquête du coroner, on dut procéder à l'inhumation. On fit creuser une fosse et on l'enterra, sans cercueil, sur la grève, à une demi-lieue de Longueuil. Cette besogne fut faite avec tant de négligence qu'à peine un pied de terre fut placé sur le corps et que les pieds restent à découvert à fleur d'eau, en sorte que tous les habitants des environs ne peuvent plus prendre de l'eau au-dessous de cette tombe qui n'a jamais pu être celle d'une créature formée à l'image de Dieu. On dit même que le coroner refusa de payer les ouvriers qui travaillèrent à la fosse. Ces faits pourront paraître incompréhensibles à ceux qui réfléchiront que cet officier public ne remplit point un emploi gratuit ; mais ils sembleront sans doute assez graves à l'autorité pour faire cesser un scandale qui devient la honte d'un pays civilisé.

LA LUNE EST HABITÉE

« Le professeur Gruithausen, de Munich, a déclaré publiquement, il y a quelque temps, qu'il avait découvert des preuves irrécusables que la Lune est habitée comme la Terre », proclama le *Journal*, le lundi 25 janvier 1836. Malheureusement pour ce chercheur allemand, « toute l'Europe a répondu par des railleries à la déclaration de l'astronome bavarois ». Faisant fi de cette réaction populaire, « sa fermeté n'a pas été plus ébranlée que ne le fut celle de Christophe Colomb quand il annonça l'existence d'un Nouveau Monde ».

En plus de décrire l'étendue de la végétation lunaire et «les grands chemins tracés dans plusieurs directions», le savant vit «un édifice colossal situé à peu près sous l'équateur de planète». En cet endroit, selon les résultats de ses observations, «l'ensemble présente l'aspect d'une ville considérable, près de laquelle on distingue une construction parfaitement semblable à ce que nous appelons une redoute étoilée».

UNE MONTGOLFIÈRE
À MONTRÉAL

«Le célèbre aéronaute M. Durand, qui a fait plusieurs ascensions avec succès à New York et d'autres villes des États-Unis, est arrivé ici cette semaine», prévenait fièrement le *Journal*, le jeudi 18 août 1836. Selon le journaliste, il s'agissait probablement d'une première, car «nous ne pensons pas qu'on ait tenté encore dans ce pays de faire un voyage dans les airs». Il informa les lecteurs des sensations uniques que vivront les spectateurs :

Le spectacle qu'offre l'ascension d'un ballon est tout à fait imposant. Des sensations bien étranges s'emparent des spectateurs lorsqu'on dégage cette voiture aérienne des liens qui la retiennent et qu'elle s'élance avec rapidité dans l'espace, enlevant après elle un homme assis dans un char qui n'y tient que par quelques fils et qui flotte dans les airs pour aller se perdre dans les nues.

Le spectacle fut présenté le 23 août au jardin botanique de M. Guilbault, où « une foule nombreuse s'y était portée ». Selon le journaliste présent à l'événement, « l'ascension avait quelque chose de grand et de majestueux ». Rappelons que la montgolfière fut inventée en 1782 par les frères Montgolfier, Joseph et Étienne.

LA RÉBELLION DE 1837 ATTIRE LES TOURISTES

« Tout le monde connaît la passion de nos voisins [les Américains] pour les voyages », rappelait un journaliste, le lundi 17 juillet 1843, constatant « qu'il n'est pas de familles, tant soit peu aisées, particulièrement celles des états du sud, qui ne fasse sa tournée annuelle dans le temps des grandes chaleurs ».

Durant l'été de 1843, le *Journal* mentionna donc que des Américains furent curieux de visiter les endroits où se déroulèrent les affrontements tenus lors de la rébellion des Patriotes :

> Les événements de 1837 semblent avoir attiré l'attention des touristes sur le Bas-Canada, et un grand nombre de personnes distinguées de la république [États-Unis] ont voulu visiter le théâtre du drame qui fit l'écho chez eux. Le nombre de voyageurs s'est donc accru considérablement. Cette année, plusieurs membres du Congrès ont visité Montréal et Québec. L'ex-président de la République, M. John

Quincy Adams, est actuellement en cette dernière cité et doit revenir prochainement à Montréal. Ces touristes ne manquent jamais de visiter toutes nos institutions et ils laissent partout des traces de leur libéralité.

John Quincy Adams fut le sixième président des États-Unis, de 1825 à 1829.

UN CONCOURS
DE BOUFFE MORTEL

Les lecteurs furent informés, le lundi 17 mars 1845, qu'un concours de bouffe s'était terminé tragiquement : « La semaine dernière, un jeune homme du nom de Collin, boucher, employé par M. Fox, s'étouffa en mangeant du roast-beef. » On expliqua comment le drame survint :

Il paraît qu'à la suite d'une espèce de pari, il voulut avaler un morceau d'une grosseur démesurée, mais tous les efforts qu'il fit soit pour l'avaler ou pour le rejeter furent inutiles, et il expira quelques minutes après. Le docteur fut appelé, mais il était trop tard. En vain pratiqua-t-il l'opération de l'œsophagotomie pour extraire l'objet qui s'était fixé à la partie supérieure de l'œsophage, il était trop tard, l'imprudent jeune homme avait cessé de vivre.

UNE FOLLE À LA CATHÉDRALE DE MONTRÉAL

Encore stupéfait, un journaliste informa la population, le lundi 6 décembre 1847, qu'un incident « qui aurait pu avoir des suites bien funestes [avait] eu lieu à la cathédrale hier soir, vers six heures, à la suite de la cérémonie de l'archiconfrérie », et il relata cette histoire rocambolesque :

> Dans le moment le plus solennel où le silence et le recueillement régnaient dans le temple, à l'instant où la cloche allait annoncer l'adoration du très saint sacrement, une fille qu'on reconnut ensuite être une folle, qu'on laisse malheureusement errer dans les rues, éblouie sans doute par l'éclat des lumières qui brillaient sur l'autel, crie "Au feu ! Au feu !"

> On peut se faire une idée de la confusion qu'il s'en suivit. Chacun cherchait à fuir et à sortir de l'église. Les personnes qui étaient dans le jubé surtout se précipitèrent dans les escaliers et se heurtèrent les unes contre les autres, au point que plusieurs furent renversées et foulées aux pieds. Personne n'a péri heureusement, et les craintes furent bientôt dissipées à la voix de monseigneur Prince et de plusieurs membres du clergé qui s'empressèrent de rassurer les fidèles et de rétablir l'ordre. Mais, le cri "Au feu !" avait retenti au-dehors, une cloche d'une maison des pompes [caserne de pompiers] avoisinante sonna l'alarme et presque toutes les pompes

sortirent et cherchèrent le foyer de l'incendie. Ce ne fut que longtemps après qu'on apprit de quoi il était question et tout rentra dans l'ordre.

MORTE DANS SON CORSET

Le mardi 26 décembre 1848, on fut touché par le triste sort d'une jeune femme dont la mort fut causée par son corset :

Samedi dernier, monsieur le coroner Coursol a tenu une enquête à l'île Sainte-Hélène sur le corps d'une jeune fille d'environ 18 ans, morte subitement. D'après l'autopsie, le médecin a été d'opinion qu'elle avait été victime de cette mode pernicieuse qui moissonne [fait périr] prématurément un si grand nombre de nos jeunes femmes, celle de porter des corsets trop lacés. La jeune fille, qui vient de mourir, devait être mariée mardi à un sergent en garnison en cette ville.

DEUX POLICIERS EN ÉTAT D'É... HIC !... BRIÉTÉ

Le lundi 3 septembre 1849, les Montréalais furent choqués d'apprendre que deux policiers venaient d'être punis pour avoir travaillé en état d'ivresse :

Deux hommes de police, Peter Cregan et Jeremiah Hagan, ont été amenés devant les magistrats la semaine dernière sur accusation de s'être enivrés lorsqu'ils étaient à leur poste et d'avoir gêné la circulation de passants dans la rue des Commissaires. Ils ont été condamnés à payer un chelin d'amende et, à défaut de payement, à être détenus cinq jours dans la maison de correction ! C'est toujours un commencement de justice !

ON S'ARRACHE LE PARLEMENT DU CANADA

À la suite du tragique incendie du parlement du Canada Uni, qui était construit dans le Vieux-Québec, plusieurs villes du Québec et de l'Ontario entrèrent en féroce compétition pour accueillir cette vénérable institution politique. Suivant attentivement ce dossier, le *Journal* présenta, le jeudi 9 mars 1854, les arguments des principales villes candidates :

> Il est beau de voir les sympathies dont le gouvernement est entouré depuis l'accident qui a détruit le palais du parlement à Québec. Kingston lui offre une salle, Québec est prête à faire des sacrifices pour le retenir, Montréal l'invite à venir fixer de nouveau son siège dans ses murs, Toronto croit avoir les premiers droits à cet honneur, la ville de Trois-Rivières offre son riant coteau et son climat salubre, Saint-Hyacinthe décrit les avantages de sa position pour tenter les messieurs de la Législature, Brockville en fait autant, La Prairie même a fait ses offres, et voilà

que Bytown s'empresse de faire savoir qu'elle est la ville la plus centrale du Canada.

Le parlement du Canada sera finalement construit à Bytown, une ville qui s'appellera par la suite Ottawa. L'emplacement fut choisi en 1857 par la reine Victoria.

UN MONTANT RECORD EN PUBLICITÉ

De nos jours, les médias ne manquent pas de publier une nouvelle sur le prix astronomique que doivent payer les entreprises pour diffuser un message télévisé lors du célèbre Super Bowl. Cette tradition médiatique est cependant très ancienne en ce domaine. Voici ce que rapportait le *Journal*, le mardi 21 novembre 1854 :

861 $ pour une annonce ! Hâtons-nous de dire que ce n'est pas à Montréal que cette somme a été payée pour une annonce, afin de ne pas effrayer ceux qui ont et ceux qui se proposent d'avoir des rapports d'affaires avec les journaux de cette cité. C'est la *Tribune* de New York qui dit avoir reçu ce montant de 861 $ pour une seule insertion d'une seule annonce. C'est la plus grosse somme qui ait jamais été donnée dans ce pays pour une seule annonce, et cependant, dit le journal, celui qui l'a payée considère, et il a raison, que c'est le meilleur placement qu'il ait jamais fait pour faire connaître son établissement.

RÉFÉRENCES

DBC: *Dictionnaire biographique du Canada*
PUL: Presses de l'Université Laval

1. André Beaulieu, Jean Hamelin, *La presse québécoise des origines à nos jours*, Québec, P.U.L., 1973, vol. 1, p. 55-58.

2. *Saint-Césaire 1822-1997*, Sherbrooke, Éditions Louis-Bilodeau & Fils, 1996, p. 101 et 111.

3. Lorne Ste-Croix, « Charles-Joseph Coursol », *DBC*, vol. 11, p. 225-227.

4. Jane Bretzlaff *et al.*, *Shawville '73*, s. éd., 1973, p. 1.

5. Stanislas-Albert Moreau, *Histoire de Berthier*, Joliette, éditée par Réjean Olivier, 1983, p. 66.

6. Jacques Monet, « Bartholomew Conrad Augustus Gugy », *DBC*, vol. 10, p. 350-352.

7. Monet, *op. cit.*

8. Luc Noppen, Claude Paulette, Michel Tremblay, *Québec, trois siècles d'architecture*, Montréal, Éditions Libre Expression, 1979, p. 66.

9. Jean Provencher, *C'était l'hiver*, Montréal, Les Éditions du Boréal Express, 1986, p. 116-117.

10. Hormidas Magnan, *Dictionnaire des paroisses, missions et municipalités*, Arthabaska, L'Imprimerie d'Arthabaska, 1925, p. 427.

11. Michelle Guitard et Patrimoine Experts. *Le marché Bonsecours. Synthèse historique d'un monument*, Montréal, Ville de Montréal, Collection Patrimoine archéologique de Montréal, 2003, p. 84.

12. Ægidius Fauteux, *Le duel au Canada*, Montréal, Les Éditions du Zodiaque, 1934, p. 107-108.

13. Yves Tessier, « Robert-Shore-Milnes Bouchette », *DBC*, vol. 10, p. 82-83.

14. Pierre Larousse, « Le duel », *Grand dictionnaire universel du XIXe siècle*, Paris, vol. 6, 1982.

15. *Dictionnaire de la langue du XIXe et du XXe siècle*, Paris, Éditions du Centre national de la recherche scientifique, 1983, vol. 10, p. 810.

16. Jacques Boucher, « Nicolas-Benjamin Doucet », *DBC*, vol. 8, p. 257.

17. F. Murray Greenwood, « Stephen Sewell », *DBC*, vol. 6, p. 773.

18. Lorne Ste-Croix, « Charles Richard Ogden », *DBC*, vol. 9, p. 673-674.

19. Philip Buckner, « Archibald Acheson », *DBC*, vol. 7, p. 5-10.

20. Hormidas Magnan, *Dictionnaire des paroisses, missions et municipalités*, Arthabaska, L'Imprimerie d'Arthabaska, 1925, p. 49.

21. Gerald Tulchinsky, « John Redpath », *DBC*, vol. 9, p. 721-723.

22. *Informations sur l'intoxication : carotte à Moreau*, Système canadien d'information sur la biodiversité, site Internet du gouvernement du Canada (www.scib.gc.ca).

23. Michel Pratt, *Dictionnaire historique de Longueuil, de Jacques-Cartier et de Montréal-Sud*, Longueuil, Société historique du Marigot inc., 1995, p. 52.

24. *William Miller*, site Internet Wikipédia, http://fr.wikipedia.org/wiki/William_Miller.

25. Guy Frégault, *Histoire de la Nouvelle-France – La guerre de la conquête*, Montréal, Fides, 1955, vol. 9, p. 233-281.

BIBLIOGRAPHIE

1. SOURCES

Beaulieu, André, Hamelin, Jean, *La presse québécoise des origines à nos jours*, Québec, P.U.L., 1973, vol. 1, 268 p.

Dictionnaire de la langue du XIXe et du XXe siècle, Paris, Éditions du Centre national de la recherche scientifique, 1983, vol. 10, 1381 p.

Gouvernement du Canada, *Informations sur l'intoxication: carotte à Moreau*, Système canadien d'information sur la biodiversité, site Internet www.scib. gc.ca.

La Minerve, de 1826 à 1856.

Magnan, Hormidas, *Dictionnaire des paroisses, missions et municipalités*, Arthabaska, L'Imprimerie d'Arthabaska, 1925, 738 p.

William Miller, site Internet Wikipédia, http://fr.wikipedia.org/wiki/William_Miller.

2. ÉTUDES

Boucher, Jacques, « Nicolas-Benjamin Doucet », *Dictionnaire biographique du Canada*, Québec, P.U.L., vol. 8, 1985, p. 257-258.

Bretzlaff, Jane et collaborateurs, *Shawville '73*, s. éd., 1973, 76 p.

Buckner, Philip, « Archibald Acheson », *Dictionnaire biographique du Canada*, Québec, P.U.L., 1988, vol. 7, p. 5-10.

Fauteux, Ægidius, *Le duel au Canada*, Montréal, Les Éditions du Zodiaque, 1934, 317 p.

Frégault, Guy, *Histoire de la Nouvelle-France – La guerre de la conquête*, Montréal, Fides, vol. 9, 1955, 514 p.

Grand Dictionnaire universel du XIXe siècle, « Le duel », Paris, Pierre Larousse, vol. 6, 1982.

Guitard, Michelle et Patrimoine Experts, *Le marché Bonsecours. Synthèse historique d'un monument*, Montréal, Ville de Montréal, Collection Patrimoine archéologique de Montréal, 2003, 225 p.

Monet, Jacques, « Bartholomew Conrad Augustus Gugy », *Dictionnaire biographique du Canada*, Québec, P.U.L., vol. 10, p. 350-352.

Moreau, Stanislas-Albert, *Histoire de Berthier*, Joliette, éditée par Réjean Olivier, 1983, 134 p.

Murray Greenwood, F., « Stephen Sewell », *Dictionnaire biographique du Canada*, Québec, P. U. L., 1987, vol. 6, p. 773-775.

Noppen, Luc, Paulette, Claude, Tremblay, Michel, *Québec, trois siècles d'architecture*, Montréal, Éditions Libre Expression, 1979, 440 p.

Pratt, Michel, *Dictionnaire historique de Longueuil, de Jacques-Cartier et de Montréal-Sud*, Longueuil, Société historique du Marigot inc., 1995, 500 p.

Provencher, Jean, *C'était l'hiver*, Montréal, Les Éditions du Boréal Express, 1986, 278 p.

Saint-Césaire 1822-1997, Sherbrooke, Éditions Louis Bilodeau & Fils Ltée, 1996, 512 p.

Ste-Croix, Lorne, « Charles-Joseph Coursol », *Dictionnaire biographique du Canada*, Québec, P.U.L., vol. 11, p. 225-227.

Ste-Croix, Lorne, « Charles Richard Ogden », *Dictionnaire biographique du Canada*, Québec, P.U.L., 1977, vol. 9, p. 673-674.

Tessier, Yves, « Robert-Shore-Milnes Bouchette », *Dictionnaire biographique du Canada*, Québec, P.U.L., 1972, vol. 10, p. 82-83.

Tulchinsky, Gerald, « John Redpath », *Dictionnaire biographique du Canada*, Québec, P.U.L., 1977, vol. 9, p. 721-723.

INDEX

Abercrombie, Robert 54
Acheson, Archibald 222, 306, 307
Adams, Jonathan 107
Adams, John Quincy 299
Amiot, Laurent 263

Barret, J.-B. 77
Barril, Raphaël 262
Barril, Urbain 262
Barthelemy, George 179
Beaudoin, Jacques 117
Beaulieu, Maurice 225
Beaumaine, Jos 221
Beautrou 240
Beautrou dit Major, J.B. 240
Bell, James 103
Bellehumeur, Benjamin 155
Bellerose, Benjamin 252
Bennett, Richard 23, 70, 71
Bertrand, Jean-Baptiste . . . . . , 79, 80
Bérubé, Joseph 25
Black, Hugh 216
Blanchard, Delina 116
Blanchet, Catherine-Henriette 20
Blumhart, Marguerite-Henriette . . . 20
Boucher, Louis 57, 58
Bouchette, Joseph 103
Bouchette 103, 305, 308
Bourassa, Joseph 141
Bourbonnière, M. 101, 288
Bourret, Joseph 36, 184
Bouthillier, Flavien 19, 20
Bouthillier, Flavien-Guillaume 20
Bowie, Alex 101
Brady, Mary 115
Brassard, Louis-Moïse 237, 238
Brien 56, 57, 266
Brien dit Desrochers, Olivier 56, 57
Brien dit Desrochers, Raymond 56
Brisebois, Geneviève 21
Brisson, Ambroise 280
Brown, George 101
Brown, Robert 55

Brown, William 55
Bruce, James 26
Burke, Tobias 117
Burr, Clark Henry 94

Caldwell, Jane 178
Cameron, Hugh 29, 30
Cantin, J. B. 290
Cartier, François 58, 59
Cassy, Timothy 93
Chaffers, William Unsworth 19
Chaffers, William Henry 20
Chandle, R.C. 82
Charbonneau, Joseph 268
Charbonneau, Pierre 91, 92
Charland, J.B. 45, 46
Charpentier, Émilie 41
Chenet, Alexis 280
Click, Sam 33
Collin, Laurent 227
Coultra, James 55
Coultra, Samuel 55
Coupat dit la Reine, Amable 229
Coursol,
Charles-Joseph   . 22, 23, 62, 301, 305, 308
Cregan, Peter 301
Cunningham, H. 165,
Cypiot, Louis 102
Cyr, Pierre 21

Daigneau, Augustin 65
Daigneau, Hyacinthe 27
Delaney, Michel 65
Demers, Bazile 106
Demiville, François 220
Deschamps, Paul 286
Desmarteaux 77
Desrochers, Raymond Brien 56
Desrochers, Olivier 56
Dessaules, L.A. 108
Devine, Mary 48
Dorrach, Wiliam 213

Doucet,
Nicolas-Benjamin . . 147, 148, 305, 307
Dubé, Baptiste 117
Dufresne, Modeste 90
Dugas, Philemon 55
Dugré, Édouard 85, 86
Dupuis, Paul 69, 70
Duval, Louis-Gonzague 201
Duvernay, Ludger 10, 104
Dwyer, James 78

Ellis, John 82
Ermatinger, C.O. 115

Fabre, Benjamin 72
Ferrier, James 140
Figsby, Thomas 29
Fournier, F. X. 82
Franchère, J.B. 152, 153
Fraser, Donald 200

Gagnon, Jean-François-Régis 37
Gélinas dit l'Allemand, Élie 232
Girard, Séverin 235
Glackmayer, Frederick 154
Goodman, Thomas 57, 58
Goodwin, Ann 32
Goodwin, Eliza 32
Goodwin, Ellen 30
Goodwin, James 30, 31, 32
Goodwin, Mary 31
Graham, Mary-Ann 61
Gratton, Gérémi 141
Gratton, Louis 193
Gratton, Priscille 193
Griswold, George 90
Guénette, Édouard 53
Gugy, Bartholomew
Augustus Conrad . 24, 37, 38, 39, 305, 307
Guilbault, J.E. 42

Hafford, James 265
Hagan, Jeremiah 301
Handyside, David 198
Harnois, Lemaître 311
Harvey, John Whittle 49, 50

Hébert, Charles 72, 73
Henderson, G. 91
Henrichon, Olivier 42
Holmes, Madeleine 151, 179

Jérémie, Hypolite . . . 17, 60, 86, 92, 101
Johnston, John 82
Johnston, Robert 91

Labelle, Joseph 232, 233
Lacoste 22, 184
Lacoste dit Languedoc, Antoine 22
Lafleur, Jean-Baptiste 74, 75
Lambert, Michel 60
Lamoureux, Jean-Baptiste 22
Lanctot, Joseph 27
Lang, James 116
Lantier, François 78
Lapierre, Napoléon 287
Leblanc, François 196
Leduc, Denis 69, 102
Lefebvre, David 252, 253
Lefort, Louis 281
Legault, Elmire 61
Legault, Louis 61, 62
Leslie, James 150
Linton, George 81
Lone, Mary 115
Lubarge, Pierre 312

MacDonald, Alexandre 21
MacDonald, Marie-Anne 21
Malo, Louis 101
Maras, Augustin 262
Marchand, Ludger 287
Marchessault, Siméon 108
Marcoux, Jean-Baptiste 252
Marigan, Bridgit 226
Martel, Ambroise 26, 27
Marvell, Andrew 47, 48
McDonell, John 104
Meredith, W.C. 105
Métivier, Damase 235
Miller, William 271, 306, 307
Moisan, Adélaïde 26
Monagh, Michael 78

Moore, Archibald 118
Moreau dit Desourdis, Charles . . . 231
Morin, Augustin-Norbert 10
Mullin, Patrick 33
Murphy, Daniel 28, 65
Murrill, Harriet 24, 25

Nattinville, N. 287
Nault, Louise 99
Neve, Fred S. 31

Ogden, Charles Richard . . 217, 306, 308

Pacaud, Joseph 201
Pagé, Charles 283
Paradis, Charles 81
Pariseau, Georges 240
Pauser, François-Xavier 254
Pauser, Joseph-Tancrède 254
Pelletier, Généreux 180
Perrault, Domitilde 56
Picard, Xavier 155
Piché, Alexis 287
Pigeon, Narcisse 87
Pole, Robert 28

Quesnel, Marie-Reine 21
Quintal, Charles 41

Racine, Adrien 48
Ratelle, Louis 287
Redpath, John 233, 306, 308
Reed, James 24
Reid, Elizabeth 23
Reneur dit Caspel, Moïse 229
Robb, John 102
Robert, Jos 125
Roccage, Agathe 115
Roux, Jean 262

Sabourin, François 195
Sabrevois de Bleury, Clément-Charles 104
Saint-Amant, Pierre 60
Saint-Amour, Toussaint 57, 58
Saint-Germain, François 101
Saint-Pierre, Pierre 34

Sauvageau, Aglaé 116
Scott, Adélaïde 285
Scott, James 105
Sewell, Stephen 178
Simard, Louis 181
Simpson, William 23, 24
Sinnet, George 281
Stevens, Levy 107
Sturgeon, John Alex 32

Taché, Émilie 23
Talbot, Sophie 25
Terriault, Césarée 25
Tessier, Michel 188
Tessier, Xavier 165
Tétreau, Pierre (alias Ducharme) . . 119
Tétro, Charles 114, 115
Thauvette, Daniel 21
Thibault, Louis 146
Tomkins, John 101
Toussaint, Charles 71
Trudel, Georges 40
Turgeon, Pierre-Flavien 32
Turner, Mary-Ann 61

Varie, Isidore 34
Verdon, J.B. 106
Viger, Jacques 153
Vignola, Théotiste 281

Walker, James 70, 71
Watson, Robert 102
Webster, John 102
Wilock, John 101
Wind, James 82

TABLE

Introduction 9

1re partie
Des femmes scandaleuses, des hommes
odieux et des enfants délinquants **15**
  Bilan de la criminalité en 1849 17
  Des amours tumultueux 19
  La violence conjugale 27
  Ces enfants mal aimés 34
  Des voyous en tous genres 43
  De malins fraudeurs 48
  Des meurtres sordides 53
  Des agressions sauvages 63
  Des bandits de grand chemin 74
  Les invasions de domicile 79
  Des vols dans des commerces 84
  On vole chez l'employeur 89
  Des enfants criminels 91
  Des gens d'affaires téméraires 94
  On se provoque en duel 103
  De faux monnayeurs 106
  Des militaires indisciplinés 110
  La prostitution 115
  La prison et la peine de mort 117
  Quel sale temps ce printemps! 124
  Opinions 125

2e partie
Des maux de société **135**
  L'euphorie des courses de chevaux 137
  Les dangers de la vie urbaine 141
  Des chiens dangereux 152
  Des fumeurs négligents 157
  On détruit le patrimoine 158
  Une odeur de racisme 160
  Des immigrants leurrés 160
  Ces Américains qui nous achètent 161
  Ne craignez pas l'hôpital 162
  Grogne sur les heures d'ouverture 163

Le français en péril 163
Quel sale temps cet été! 166
Opinions 167

3ᵉ partie
D'horribles catastrophes 175
Des incendies spectaculaires 177
L'incendie du 28 mai 1845 à Québec 189
Des catastrophes naturelles 192
Quel sale temps cet automne! 206

4ᵉ partie
Des accidents malheureux 211
Les dangers de la route 213
des accidents ferroviaires 223
Des tragédies maritimes 227
Des noyades 229
Quand le travail tue 231
Des accidents à l'église 234
Des empoisonnements 235
Une Saint-Jean complètement... sautée! 239
Quel sale temps cet hiver! 241
Opinion 243

5ᵉ partie
Les affaires religieuses 249
Des presbytères vandalisés 251
Des églises pillées 252
Des cimetières profanés 254
Condamné pour blasphème 257
Il fustige son évêque 258
Saccage et terreur à Saint-Pierre-les-Becquets 260
Un curé coupable de diffamation 263
Un fanatique antireligieux 264
Lapidés par des orangistes 266
Violente bagarre à l'église 267
Charbonneau volait l'argent des pauvres 268
Opinions 269

6ᵉ partie
Des faits insolites 277
Des prouessesde vieillards 279

Des naissances étonnantes 282
Un *show* de nains 284
Un bébé en vedette 284
Des bêtes sauvages rôdent 285
Plouf! 291
Exploit aux chutes Niagara 292
La fin du monde 292
Le *Géant canadien* est en ville 293
Un concours de calage d'alcool 294
La dernière mode à Paris 295
Encornée par un taureau 295
Le cadavre de Longueuil 295
La Lune est habitée 296
Une montgolfière à Montréal 297
La rébellion de 1837 attire les touristes 298
Un concours de bouffe mortel 299
Une folle à la cathédrale de Montréal 300
Morte dans son corset 301
Deux policiers en état d'é… hic!… briété 301
On s'arrache le parlement du Canada 302
Un montant record en publicité 303

Références 304
Bibliographie 305
Index 306

Marquis imprimeur inc.

Québec, Canada
février, 2008